要坚持古为今用、推陈出新，坚持创造性转化、创新性发展，深入挖掘和阐发中华优秀传统文化的精神内涵，用马克思主义激活中华传统文化中的优秀因子并赋予其新的时代内涵，发展新时代中国特色社会主义文化。

——习近平

◎庐陵文化传承发展丛书

风骨庐陵

中共吉安市委宣传部◎编

江西人民出版社
Jiangxi People's Publishing House
全国百佳出版社

图书在版编目（CIP）数据

风骨庐陵 / 中共吉安市委宣传部编 . -- 南昌：江西人民出版社，2025.5. --（庐陵文化传承发展丛书）.
ISBN 978-7-210-16402-9

Ⅰ . K820.856.3

中国国家版本馆 CIP 数据核字第 20255LH690 号

风骨庐陵
FENGGU LULING

中共吉安市委宣传部　编

责 任 编 辑：张志刚
封 面 设 计：同异文化传媒

江西人民出版社　出版发行
Jiangxi People's Publishing House
全国百佳出版社

地　　　　址	江西省南昌市三经路 47 号附 1 号（邮编：330006）
网　　　　址	www.jxpph.com
电 子 信 箱	jxpph@tom.com
编 辑 部 电 话	0791-86898873
发 行 部 电 话	0791-86898815
承 　 印 　 厂	南昌市红星印刷有限公司
经　　　　销	各地新华书店

开　　　　本	787 毫米 × 1092 毫米　1/16
印　　　　张	16.25
字　　　　数	191 千字
版　　　　次	2025 年 5 月第 1 版
印　　　　次	2025 年 5 月第 1 次印刷
书　　　　号	ISBN 978-7-210-16402-9
定　　　　价	58.00 元

赣版权登字 -01-2025-109

序

吉安，古称庐陵，有两千多年的建置史。古人习惯将处于丘陵地带的城市称为"陵"，于是有了金陵（南京）、庐陵（吉安）、广陵（扬州）、巴陵（岳阳）、兰陵（兰陵），这些城市都曾拥有"郡"乃至"京"的级别。

由于18岁离开吉安"上山下乡"，此后在外地工作，每次回吉安只是小住，无数该去的地方都没有去过，所以，一直生活在吉安的家人、同学和朋友，比我更了解吉安。我对吉安的了解，除感性认识外，理性认知主要来自三个方面：一是由于自己的专业是研究历史，自然对吉安的历史有所接触，并在可能的情况下，不断宣传吉安；二是10年前由《井冈山晚报》发起的"老城吉安"征文，使我对老城吉安的种种样貌有所了解，有感而发地为《老城吉安》写了一篇序；三是这次收到《风骨庐陵》的书稿，对吉安长久以来形成的内在精神有了进一步的认识。在阅读《风骨庐陵》的过程中，每每被其中的人物和事迹打动，于是有了向更多的朋友推介吉安的想法。《风骨庐陵》如同一把钥匙，为我们打开了通往庐陵文化的大门，让我们得以深入领略其独特的魅力与内涵。

吉安地处赣水中游，土地肥沃，河网密布，气候湿润，为农业、手工业、矿冶业的发展提供了得天独厚的条件。早在殷商时期，吉安就孕育出高度的农业文明，而精美的青铜器更见证了当时的手工业和冶金术的进步。大运河的开凿和大庾岭的开通，使吉安成为南北经济文化交流的重要枢纽。中原文化的南传、南北文化的碰撞交融，促进了吉安经济与文化的蓬勃发展，使其从两宋时期开始，成为中国经济文化的先进地区。宋、元、明、清时期，吉安码头众多，舟楫云集，各地会馆集聚，更成为江南重要的交通枢纽和商业重镇。

从这个角度出发，我一直向人们阐述一个观点或者说一个感受：全国人民都可以批评隋炀帝，但扬州人民、江西人民特别是吉安人民不可以。隋炀帝以其被人指责的行为，为扬州留下了诸多或有形或无形的资产。更通过迁都洛阳、开建运河，改变了中国的政治格局和交通格局，使得江西，特别是吉安享受了上千年的交通红利。随着经济的发展和科举的兴盛，庐陵文化的影响力也迅速扩散，成为中华优秀传统文化的重要组成部分。

文章节义，是庐陵文化的鲜明标识，贯穿于庐陵文化形成与发展的始终。吉安文风鼎盛，书院私塾遍布城乡。有学者统计，自唐代至清代，吉安有书院570多所，既培养出数以千计的进士，更普及了教育，使吉安的整体文化水平在全国居于领先地位。欧阳修、杨万里等文学大家的作品，不仅在当时影响深远，而且对后世文学的发展产生了重要的推动作用。王阳明心学在明代中后期风靡全国，王阳明的同乡黄宗羲称"阳明一生精神在江右"，而像邹守益、聂豹、罗洪先、刘文敏等人，全是吉安学者。

吉安更讲求节义。节义观扎根于吉安人的心中，成为为人处世的基本准则。一代又一代庐陵先贤，在民族危难之秋、朝野动荡之际，挺身而出，恪守正义，诠释节义的内涵。他们的事迹和精神，激励着无数后人，成为庐陵文化的灵魂所在。杨邦乂在金兵南下时，坚守建康，宁死不降，用血书写"宁作赵氏鬼，不为他邦臣"表明自己的心迹，面对敌人的剖腹取心而毫无畏惧。在南宋风雨飘摇之际，面对权贵阶层的屈辱求和，胡铨上书高宗，要求斩秦桧等人头颅以谢天下，他不仅在言辞上，更在行动中践行自己的主张，他积极招募义军，保卫家乡，保护百姓。文天祥更是家喻户晓的抗元英雄，明知不可为而为之，为庐陵文化、更为中华文化存一脉正气。前些时间在微信上看到一个帖子，说岳家军中多有吉安人，此说并非虚言，岳飞不仅驻军江西，而且在江西收编了诸多农民军，成为岳家军的骨干，名将杨再兴便来自吉水，最后战死于"恢复中原"的疆场。

勤政廉明，是庐陵先贤为官的准则，也是庐陵文化在政治领域的体现。庐陵历史上涌现出了许多勤政廉明的官员，他们以民为本，廉洁奉公，为百姓谋福祉，为国家的稳定和发展作出了重要贡献。欧阳修作为北宋文坛领袖，不仅在文学上有着卓越的成就，在政治上也展现出了非凡的才能和高尚的品德。在地方任职时，他勤于政务，宽简爱民，清正廉洁，关心百姓的疾苦，积极推行改革，减轻百姓的负担，促进了当地经济的发展和社会的稳定。欧阳修的为政理念和实践，为后世官员树立了榜样，成为庐陵勤政廉明传统的重要代表。王言被康熙皇帝誉为"天下清官第一"，为官恪守廉洁底线，不为权势所动摇，敢于惩治不法之徒，即使面对皇亲国戚的违法行为，也毫不畏惧，坚决依法惩处。其公正执法和廉洁奉公，赢得了百姓的赞誉和尊敬，也为庐陵的廉政文化增添了光彩。他们的故事告诉我们，只有坚持以民为本，廉洁奉公，才能赢得人民的信任和支持，才能实现社会的长治久安。人们津津乐道的王阳明的"王学三大要"（致良知、亲民、知行合一），"亲民"为其一生的执政思想，这一思想，正是产生在他任庐陵知县期间，应该深受庐陵文化的影响。

守信向善，是庐陵文化的道德基石，体现了庐陵人对传统美德的坚守和传承。明清十大商帮，江右商帮以其数量众多、持业广泛、渗透力强闻名于世。吉安商帮是江右商帮的重要力量。一个包袱一把伞，走遍天下做老板。从小买卖到大开张，靠的是守信，是向善，是对家庭的担当。名儒罗洪先为吉水商人罗松冈作墓志铭，在历数其弃学经商的历程之后，总结出十六个字："使予而儒，母氏劬劳；使予而商，身劬母康。"为千百万寒士指出了一条报效家庭、贡献社会的谋生之路。嘉靖三十二年（1553），永丰梁汝元效法其师永新颜钧创立萃和会，在家乡亦建造了萃和堂，也称聚和堂，以聚结全族。又建家学于堂侧，称夫山书院。为了教育全族，何心隐用白话文连续写了《聚和率教谕族俚语》《聚和率养谕族俚语》《聚和老老文》三篇文章，作为全族共同遵守的族训。又从族人中选拔品德高尚、办事练达之人为率教、率养，辅教、辅养，在思想教化和生活所需两个方面对全族进行管理。何心隐身理一族之政，全族不分贫富贵贱，丧葬嫁娶，均统一操办，赋税徭役，全族共同负担，全族人过起了有饭同吃、有衣同穿的"大同"生活。据记载，这种实践还真的"行之有成"，"数年间，一方之人几于三代"。这种类似建设"乌托邦"的行为，正是庐陵文化中守信向善的体现。守信向善文化培育出的吉安籍官员，也多关注民生、心系百姓。明宣德、正统年间，周忱巡抚江南，制定"平米法"，减轻了民众负担；又主持创建"济农仓"，在民众遭遇灾荒时给予救济，深受百姓的爱戴和尊敬。

开放包容，是庐陵文化的显著特征，也是其繁荣发展的重要原因。吉安独特的地理环境，使其成为南北文化交流的重要通道。赣江纵贯吉安中部，成为连接南北的黄金水道，促进了物资、人员的流动和文化的交流。在历史的长河中，吉安吸引了大量的移民，他们带来了不同的文化和生产技术，与当地文化相互融合，共同促进了庐陵文化的发展。北民南迁、客家倒流，使吉安的人口结构更加多元，文化也更加丰富多彩。不同地域的文化在这里相互碰撞、相互交流、相互融合，形成了独特的庐陵文化。佛教、道教在吉安广泛传播，与当地的民间信仰相互融合，形成了佛道合流、和谐共处的局面。吉安的民间艺术如道情、"三角班"小戏、灯彩、采茶戏等，吸收了各地文化的精华，不断发展创新，形成了独具特色的艺术风格。庐陵文化的开放包容精神，使其能够不断吸收外来文化的精华，丰富和发展自己。在当今全球化的时代，我们应该继承和发扬这种开放包容的精神，加强对外交流与合作，促进不同文化之间的相互理解和尊重，共同推动人类文明的进步。

随着时代的推移，庐陵文化也在与时俱进，为近现代中国的革命和社会主义建设作出了重要贡献。井冈山精神，可以说是中国共产党人将马克思主义和庐陵文化相结合的产物。庐陵文化为井冈山精神的孕育和形成提供了深厚的滋养。井冈山精神与庐陵文化中的忠贞爱国、革故鼎新、勤政廉明、守信向善等精神特质高度契合。井冈山斗争时期，无数吉安儿女深受庐陵文化的感染，为了革命理想，抛头颅、洒热血。他们坚定执着地追求解放全中国、救民于水火的革命理想，这与庐陵文化中忠贞爱国的精神传统一脉相承。中国共产党人在井冈山斗争中，根据中国革命的实际情况，实事求是地闯出了"工农武装割据，农村包围城市"的革命新路。这一创新举措，与庐陵文化中革故鼎新的精神气质相契合。红军官兵们艰苦奋斗的精神，与庐陵文化中的勤政廉明的传统息息相关。红军官兵们严格遵守"三大纪律、八项注意"，与群众建立了鱼水深情，依靠群众取得了革命的胜利，与庐陵文化中守信向善、开放包容的精神特质相一致。

庐陵文化同样为涵养社会主义核心价值观提供了重要资源。庐陵文化中崇尚守信向善，重视民为邦本、求大同尚和合的思想，与社会主义核心价值观中的"富强、民主、文明、和谐"密切关联；庐陵文化重气节、尚道义、清廉清正的特点，与社会主义核心价值观中"自由、平等、公正、法治"的要求密切契合；庐陵文化蕴含的忠贞爱国、重信守诺、向善包容的精神气质，与社会主义核心价值观中的"爱国、敬业、诚信、友善"的道德要求相一致。所以，如今的庐陵文化精神，依然熠熠生辉。

尽管和周边省份相比，这些年的江西经济有些欠发达，但作为江西人、吉安人，我仍然有发自内心深处的归属感。原因无他，只是简单地认为，江西人就得认同江西、吉安人就得认同吉安。所谓的文化自信，是从本土认同开始的，如果没有本土认同，哪里来的文化自信？

所以，尽管很少更新，我的新浪微博名一直是"江右方志远"，一些需要署名的文字则是"庐陵方志远"，而所有论文论著、合作节目或外出讲学，身份必须是"江西师范大学方志远"而不是其他。

文化自信、本土认同，并不意味着封闭、排外，封闭、排外是文化不自信、认同狭隘性的表现，而江右的文化自信、庐陵的本土认同，恰恰是开放、包容的表现。自中唐至清中期，江西近千年的辉煌、吉安近千年的荣耀，是因为以开放、包容的心态，接纳了数以百万计的中原人口，形成江西人、吉安人"耕读传家"的基本生活方式和生产方式，由此创造出先进的农业、手工业、矿冶业和辉煌的科举、红色、商业、山水等文化。延续五百年的明清时期的"江西填湖广""湖广填四川"，数以千万计的江西人口，同样以开放、包容的心态，去往江汉平原、洞庭湖区，并和当地民众一道，开发中国的大西南。在中华人民共和国的建国历程中，江西人、吉安人也以同样的开放、包容的心态，接纳并支持来自全国各地的革命者，并投身到井冈山革命根据地的建设和从瑞金的地域性政权到北京的全国性政权的斗争之中。

方志远

2025 年 4 月 30 日

南昌艾溪湖畔

目录

正氣浩然

概　述

　　吉安古称庐陵，地处赣水中游，土地肥沃，河川网布，气候湿润，雨水充沛，适宜各类作物生长，古代窑瓷业、造船业等手工制造业兴盛。早在商朝时期，这里就有高度的农业文明，并已能制作精美的青铜器。唐代以来，随着岭南通道的开拓，南北文化在庐陵交流汇集。中原文化的南传，促进了庐陵文化的繁荣，庐陵文化开始崛起。两宋时期，吉州已是江南的经济中枢，商业兴盛。到了明清时期，吉安码头众多，舟楫云集，各地会馆集聚，吉安成为江南重要的交通枢纽和商业重镇，庐陵文化正是在

江南望郡牌坊

庐陵这片土地上发生、发展的区域文化。在中国文化地理版图中，文学史、思想史、宗教史与庐陵文化都有密切关联，文学史上的欧阳修、杨万里、杨士奇分别为北宋中期、南宋中期、明代前期文坛领袖；思想史中的江右王学为阳明心学的主要分支，何心隐的社会变革思想实践，成为我国明清思想解放运动的先驱；宗教文化中的净居寺禅宗，开创曹洞、云门、法眼三派。作为中国古代文化聚集生长的一个特殊节点，庐陵文化以其博大厚重的历史沉淀和丰富的文化内涵，成为中国传统文化的重要组成部分。

一、"第二个结合"与庐陵文化研究

党的十八大以来，以习近平同志为核心的党中央把传承中华优秀传统文化摆在治国理政突出位置，作出系统谋划部署。2021 年 7 月 1 日，习近平总书记在庆祝中国共产党成立 100 周年大会上指出，必须坚持把马克思主义基本原理同中国具体实际相结合、同中华优秀传统文化相结合。党的二十大报告中指出："坚持和发展马克思主义，必须同中华优秀传统文化相结合。只有植根本国、本民族历史文化沃土，马克思主义真理之树才能根深叶茂。"2023 年 6 月，习近平总书记在文化传承发展座谈会上深入阐释"两个结合"的重大意义，强调"第二个结合"让中国特色社会主义道路有了更加宏阔深远的历史纵深，拓展了中国特色社会主义道路的文化根基。他从中华文明具有的突出特性角度出发，深刻阐释了传承中华优秀传统文化的必要性与时代价值，并从"结合"的前提是彼此契合、"结合"的结果是互相成就、"结合"筑牢了道路根基、"结合"打开了创新空间、"结合"巩固了文化主体性等五个方面指明了具体结合路径。习近平总书记的重要讲话，对于我们更好担负起新时代的文化使命，不断推进马克思主义中国化时代化，在新的历史起点上继续推动文化繁荣、建设文化强国，具有重大而深远的意义。

中华优秀传统文化伴随五千年中华民族发展道路而来，有着丰富深远的文化内涵。从春秋战国到宋元明清，从鸦片战争到五四运动，从中国共产党成立到新中国成立，从全面推行改革开放到确立"两个一百年"奋斗目标，中华民族在一条艰难曲折而又繁荣兴盛的发展道路上，创造出无数享誉世界的文明成果，对全球文明进步和社会发展产生了巨大影响力和推动力。用当代视角来准确阐释、深入研究、系统总结中华优秀传统文化的思想内涵与成长机制，挖掘传统文化资源所蕴含的时代价值与现实意义，才能深刻领会中华文明生生不息的精神伟力与生命活力，增强实现中华民族伟大复兴的精神力量。

庐陵文化源远流长、博大精深，是赣鄱文化乃至中华优秀传统文化的重要组成部分，是中华文明绵延传承的生动见证。中华文明突出的连续性、创新性、统一性、包容性、和平性，在庐陵文化中都有体现，并融入人民群众生产生活，成为人民群众日用而不觉的思想理念、价值观念。庐陵文化中蕴含的忠贞爱国、丹心节义、勤政廉明、革故鼎新、守信向善、开放包容等精神特质，是古代吉安人民在长期生产生活中积累的天下观、社会观、道德观的重要体现，同中华优秀传统文化蕴含的天下为公、民为

吉安城北的庐陵文化生态园

邦本、为政以德、革故鼎新、任人唯贤、自强不息、厚德载物、讲信修睦等思想理念高度契合。弘扬传承庐陵文化，就是我们贯彻落实习近平文化思想的具体举措，对于维护和培育文化生态，传承弘扬中华优秀传统文化，坚定文化自信，建设文化强省、文化强市，具有重要意义。

二、庐陵先贤的人文精神

庐陵文化是历代庐陵人共同创造的文化遗产，包含农耕和商业文化、青铜和陶瓷文化、书院和名人文化、宗教文化、民俗文化等，是中华优秀传统文化的重要组成部分、赣鄱文化的璀璨明珠，是千百年来庐陵先辈呕

　　心沥血构筑的精神殿堂，也是跨越时空的井冈山精神的传统文化基石，更是吉安人民的根与魂。

　　经历数千年的发展演变，庐陵文化形成了深厚绵长的历史传统、兼容并蓄的文化氛围、自强不息的进取精神，其内涵博大精深，形式丰富多彩，风格典雅优美，地域特色鲜明。宋明时期，庐陵文化在科举、教育、农业、陶瓷业、禅宗、道教、理学、哲学、科学、文学等领域，又远远超出了地域文化概念，代表了当时的国家水平，并且渗透到诸多领域，以致人们谈爱国主义，必谈文天祥、杨邦乂；谈文学和史学，必谈欧阳修；谈诗词，必谈杨万里、刘辰翁；谈哲学，必谈罗钦顺、邹守益；谈农业，必谈曾安止；谈地理学，必谈罗洪先；谈百科全书，必谈解缙；谈仕宦，必谈周必大、杨士奇；谈外交，必谈陈诚、郭汝霖等。这些历史人物是庐陵文化"走出去"的一张亮丽名片。这些庐陵先贤，都体现了一些共同的特点，即推崇文章、追求风骨、讲求节义、勤政廉明，"文章节义"成为庐陵文化最鲜明的精神内涵。

唐代以前，吉安属于偏远之地。唐以前，吟咏庐陵的诗人，大多数不是庐陵本土作家。此时庐陵的文化建设还没有迈出坚实的步伐，本土还没有产生庐陵籍作家群体及有影响的诗词文赋，文化教育依然落后。唐初武后圣历元年（698），杜甫的祖父杜审言被贬为吉州司户参军。杜审言仕途的不幸，却带来了庐陵文化的发展。他到吉州后，广交儒士，大兴文教，建立相山诗社，并以其出色的五律创作，为庐陵诗词的兴盛打下基础。南宋祝穆在《方舆胜览》中提到杜审言的诗人堂，他说："诗人堂在司户厅。卢象以唐诗人杜审言曾居是官，故名。有杨万里铭，周必大箴。"唐代卢象，南宋杨万里、周必大都以不同方式怀念这位开庐陵文教之风的诗人。诗人堂也就是相山诗社所在地，清朝《大清一统志》卷二四九载："诗人堂，在府治西城隍冈。唐杜审言为司户时，置相山诗社。宋（疑误）卢象建诗人堂。"清朝时诗人堂遗址尚在，杜审言开辟的文教与名山事业，激励和影响着后来的庐陵人。

到了晚唐，原庐陵郡倅刘庆霖，因朝廷精简官员而遭裁减，战乱后无法归家，流寓隐居今天的永丰县，建成庐陵第一座书院皇寮书院。之后不久，吉水建有登东书院、兴贤书院，五代时期，泰和有匡山书院、庐陵有光禄书院，这五所书院都是中国早期的书院。北宋以后，民间崇文重教蔚然成风，书院私塾遍布乡村，宋代有史料可考的庐陵书院就有65所，这些书院都是官学（国子监、府学、州学、县学）的有益补充。衡量一个地方文化程度的标志，就要看它是否拥有众多的官学和私学（经馆、私塾、书院），而宋代吉州，正因为有无数书院私塾的文化传播，崇科举、兴文教的风气在古代吉安这片土地上深入人心，泽被士子，创造了庐陵文化史上的科举奇迹。

南唐保大十年（952），庐陵县人王克贞夺取状元，这是庐陵也是南唐的第一个状元。王克贞登第后，累官至观政院副使，宋朝初年，他曾知汉州。宋太宗知其文名，特命值舍人院。王克贞以其出色的文章才华，为皇帝起草诏书。他的制诰文章，文雅典正，为时人所称颂。北宋天圣八年（1030），永新刘沆进士及第，名列鼎甲第二。宋仁宗时他任参知政事（副宰相）、同中书门下平章事（宰相）共七年，"自进士设科，擢高第至宰相者，永新刘楚公为称首"，庐陵人只要说起进士登科、位居宰相的科举成就，无不自豪地首推刘沆。宋哲宗绍圣四年（1097），何昌言高中状元。殿试后，哲宗皇帝赵煦见其才智超群，亲自写下《状元何昌言还乡歌》一诗赠送于他，成为当时科举佳话。

这些只是庐陵科举史上个体文人的盛事，而以一门多进士的群体性获取功名的事例也常常出现。北宋欧阳修在《欧阳氏谱图序》中，提及自己的伯祖父欧阳仪考中南唐进士，乡里引为荣耀，特意将故里改为"儒林乡欧桂里"，住地改为"具庆坊"。这是多么光耀门庭的事情啊。欧阳修还说，欧阳氏世为庐陵大族，后随着宋朝开国，父辈中有兄弟四人考取进士，而在天圣八年（1030），欧阳修与其侄子欧阳乾曜一同登第，庐陵欧阳世家兴文教、崇科举，一门七进士，极为显耀。也正是因为自己家族在庐陵的显赫声誉，所以，欧阳修多次自称为"庐陵欧阳修"，彰显自己的籍贯庐陵。又如活跃在北宋中期文坛上的文学家"临江三孔"，即临江府孔文仲、孔武仲、孔平仲三兄弟，三兄弟为今峡江县罗田镇安山村人，孔子47代裔孙。他们分别为嘉祐六年（1061）、嘉祐八年（1063）、治平二年（1065）进士，均以诗文著称。江西诗派领袖黄庭坚赞誉说："二苏上连璧，三孔立分鼎"（《和答子瞻和子由常父忆馆中故事》），把"三孔"与"二苏"并提，可见"三孔"在北宋有很高的文学地位。这些群体性、家族性的科举盛况，正是庐陵崇科举、兴文教风气的必然结果。

吉安自唐代至清代，有书院570多所。以白鹭洲书院为代表的众多书院，培养了一大批俊彦英杰。据文献记载，吉安籍历代进士3000余名，状元17位，榜眼16位，探花16位，占江西近三分之一，名列全国前茅，创造了"满朝文武半吉安"的人文盛况。特别是明朝建文二年（1400）的一甲前三名，永乐二年（1404）的一、二甲前七名都是吉安府人，创造了中国科举史上的奇迹。《四库全书》所收录庐陵士人的文学作品达3850卷之多。吉安古村中常见的"忠厚传家久，诗书继世长"等楹联，道出代代延续的文风和家风。

科举辉煌是庐陵文化中最有辨识度的一面，也是庐陵文化耀眼的荣光。在科举取士的同时，道德文章更彰显出庐陵文化最为本真的内核，这也是有别于其他区域文化的本质特征。

唐永泰元年（765），唐代忠烈名臣、著名书法家颜真卿被贬为吉州司马。他任职期间，关心民众疾苦，注重农业生产，并

白鹭洲书院

聘请贤才、广兴学舍。他为官清正廉洁，不徇私情，以自己的高风亮节成为当时人们的表率。后来，颜真卿回到朝廷。在淮西节度使李希烈叛乱之时，颜真卿前去劝降，受到威逼，毫不屈服，并斥责李希烈，最终被害于狱中。他死后，德宗优恤诏书称其"出入四朝，坚贞一志"。颜真卿的英烈事迹传到了吉州，百姓们无不痛哭流涕，并为之建造鲁公祠。而他在游览青原山净居寺时，亲笔为该寺山门题写的"祖关"二字，字迹遗留至今。宋人欧阳守道在《颜鲁公祠堂记》中说："此州之君子，皆颜鲁公之流风遗俗也，""此州俗化，受鲁公之赐多矣。"元人周巽在《鲁公祠并序》诗中也指明了颜真卿对庐陵文化的深刻影响，他说："唐颜鲁公为郡别驾

颜真卿题青原山净居寺"祖关"匾

时，以兴起斯文为己任，益广学舍，聘贤士，以淑我吉人，自此庐陵声名文物，卓为江表冠。吉人德之，建祠螺川驿东，以咏去思之意焉。"诗云："鲁国祠堂在，螺川古驿东。吉人思别驾，唐史具孤忠。"如果说，初唐"文章四友"之一的杜审言在吉州大兴文教、创办诗社，为庐陵的"文章之祖"，那么，以忠烈事迹感染教化庐陵百姓的吉州司马颜真卿，可称为庐陵的"节义之祖"。

到了北宋，庐陵出现了一位大儒，他不仅开启宋代三百年文章之盛，而且以其道德人格的力量，冲击宋初以来陈腐陋旧的社会风气，促使一代士林新风的形成，他就是一代文宗欧阳修。现在人们常常关注的是欧阳修为北宋中期的文坛领袖，为唐宋八大家之一，却很少关注他的忠贞气节对北宋士风的影响。欧阳修高标儒家名教，首创士林"君子"与"小人"之辩，在朝廷论事时，犯颜上谏，直言谠议，一反士林论卑气弱的陋习。他又通过编纂史籍，撰写人物碑铭，褒扬忠节，贬斥奸邪。在编撰《新五代史》时，将世人赞誉的冯道打入《杂传》，并在传序中称其为"无廉耻者"。冯道历仕四朝、效力十帝，还向辽国称臣，始终担任将相、三公、三师之位，为人们心目中稳重廉俭、有德有量的元老大臣，连富弼、苏辙等人都赞赏不已。欧阳修却以修史之机，褒名节、正人心，建树道德风范，为道德风范者立《死节传》予以褒扬，其次立为《死事传》，洁身自好者则立《一行传》，对于冯道等人则毫不客气地打入《杂传》，将冯道与寡妇李氏守节自誓、引斧断臂的义烈行为相对照，斥责他连村姑野妇都不如，并以此为例，警告那些"不自爱其身而忍耻以偷生"的士人。从此以后，对冯道进行贬斥，成为史学的定论。

颜真卿、欧阳修树起了文章节义的大旗，对吉安士风民俗的影响极为深远。《宋史·忠义传序》评价说："宋兴七十余年，……而斯文终有愧于古，士亦因陋守旧，论卑而气弱。自欧阳子出，天下争自濯磨，以通经学古为高，以救时行道为贤，以犯颜纳说为忠，长育成就，至嘉祐末，号称多士，欧阳子之功为多。"王安石《祭欧阳文忠公文》说："自公仕宦四十年，上下往复，感世路之崎岖，虽屯邅困踬，窜斥流离，而终不可掩者，以其公议之是非。既压复起，遂显于世，果敢之气，刚正之节，至晚而不衰。"《江西通志》卷二六说："唐颜真卿从事吉州，铿訇大节，诵慕无穷。至欧阳修一代大儒，开宋三百年文章之盛，士相继起者，必以通经学古为高，以救时行道为贤，以犯颜敢谏为忠，家诵诗书，人怀慷慨，文章节义，遂甲天下。"这些都是定评，高度肯定欧阳修为人为文对宋代士大夫忠义之气的培育造就之功。在这些先贤的感召下，庐陵士子百姓怎么不会忠义满怀、慷慨济世呢？

颜真卿、欧阳修之后，庐陵涌现了很多可歌可泣的忠义事迹，如杨邦乂抗击金兵，被俘后以死殉国，谥忠襄；胡铨上书高宗，要求斩下秦桧头颅以谢天下，谥忠简；周必大为相，忠心辅佐朝廷，谥文忠；文天祥举兵勤王，舍生取义，谥忠烈；杨万里清正廉洁，谥文节。他们与文忠公欧阳修一起，成为南宋庐陵学宫、书院乃至民间乡村祠堂祭祀的"五忠一节"。

庐陵自古为文章节义之邦，重视节操与义行。节指守节，即遵守道德规范，不做违反道义的事情；义指守义，即坚守正义，不做违背正道的事情。节义强调一个人应该具备高尚的品德和行为准则，不做违背道义的事情，使个体在道德实践中自发培养出刚直不阿、无私无畏的精神气节。自北宋欧阳修开始，庐陵人讲节义，张扬人格，激浊扬清，养成浩然正气。正如文天祥在《正气歌》中所说的："于人曰浩然，沛乎塞苍冥。是气所磅礴，凛烈万古存。当其贯日月，生死安足论。"从节义生发出来的浩然之气，凛然不可侵犯而能万古长存。庐陵人把节义放在君子忠义的最高层面，尊崇爱国报国的精神，始终以国家和民族的利益为重，身体力行扛起"天下兴亡、匹夫有责"的旗帜，涌现了以欧阳修、杨邦乂、胡铨、周必大、杨万里、文天祥为代表的坚守气节的庐陵先贤，书写了忠义报国的庐陵篇章。还有不少清官、义士、烈女等，他们饱读诗书，受到"忠义报国""天下兴亡，匹夫有责"的儒家思想熏陶，讲忠义，重气节，心怀家国，刚正义烈。这种精神影响到庐陵的文风、士风以及民风，成为一种优良传统，代代相传。

这些精神内涵中，最为突出、最有代表性的精神内涵是浩然正气、忠义报国，也就是我们所说的庐陵风骨。这种风骨表现在很多方面，最有代表性的人物就是庐陵的先贤"五忠一节"。

宽简爱民的文坛领袖欧阳修。欧阳修是北宋诗文革新运动的领袖、杰出的政治家，也是勤政廉明的优秀代表。在朝廷为官，他敢于弹劾奸臣、抨击宰相，且多次直谏君主。在地方任职，他勤于政务，宽简

永丰县永叔公园

爱民，清正廉洁，赢得百姓衷心爱戴。他克己奉公、清廉自守，又严以治家，勉励后学，注重自我人格和内在修养的培育，在为政、为文、为人、为学等各方面，都走在时代最前列，成为中国古代文人立身行事的光辉典范。

舍生取义的抗金名臣杨邦乂。金庸《射雕英雄传》中的杨铁心，原型是就是南宋时期的抗金名臣杨邦乂。建炎三年（1129），金兵取建康，杨邦乂宁死不降，以血书写"宁作赵氏鬼，不为他邦臣"，完颜宗弼命人对其剖腹取心。著名历史学家朱加雁曰："真古今第一人也。"为了纪念杨邦乂的英勇事迹，南京的百姓在他被害的地方修建了墓茔，并将附近的一座小石桥命名为"铁心桥"，这一名称沿用至今。

忠诚正直的爱国诗人胡铨。胡铨的一生刚正不阿，忠诚正直，坚贞不渝。他任枢密院编修官时，闻知秦桧议使金和谈，屈辱称臣，写下著名的《戊午上高宗封事》，声明"义不与桧等共戴天"，要求砍下秦桧、王伦、孙近三贼的头颅以谢天下。这份奏疏震惊天下，吏民争相传颂，金人连称"南朝有人""中国不可轻"。胡铨因此被谪广州监管盐仓。绍兴十二年（1142）发配新州（今广东新兴）编管。孝宗即位后被起用，一生坚决站在主战派一边，反对议和，抗金爱国之心矢志不移。正如他在《好事近》一词中所写："富贵本无心，何事故乡轻别。"他做官不为富贵，不与奸臣同流合污，被流放23年，始终坚持抗金、反对议和，是南宋名臣、著名爱国词人。

抵制奸佞的中兴名臣周必大。周必大历经宦海浮沉，曾两次反对宋孝宗破格提拔权幸宵小，先后罢黜待罪、奉祠反省，其凛然气节体现了庐陵节义的精神内核。他参与政府各级政务，始终以国家发展与"中兴"为出发点，不管是任职地方，还是在朝为官，都尽心尽责。周必大以其长期的助政经历和丰富的治政思想，赢得了"公在庙堂，国有柱石"的美誉。

清正廉洁的诗坛领袖杨万里。杨万里在零陵任县丞，将升迁做京官，夜晚动身离任，婉拒同僚宴请，"夜浮一叶逃盟去，已被沙鸥圣得知"。在奉新县任知县时，禁止下吏鞭打百姓，放宽税额和缴税期限，百姓自发地将衙门亏空的税款全部补齐。任秘书监时连上三札，要求宋光宗爱护人才，防止奸佞，做到"一曰勤，二曰俭，三曰断，四曰亲君子，五曰奖直言"。离任江东转运副使时，应有余钱万缗，他全弃之于官库。诗人徐玑赞他"清得门如水，贫惟带有金"。他的长子杨长孺、次子杨次公均在朝为官，杨万里"厉之以志，劝之以正，示之以俭，贻之以言"，教导儿子要清廉方正、戒骄戒躁，培育出优良的诗教家风。

丹心永照的爱国典范文天祥。他深受庐陵文化的熏陶和感染，年少时在学宫立志，希望能像庐陵先贤欧阳修、胡铨等那样青史流芳。庐陵先贤的感召、白鹭洲书院的德育教育、恩师欧阳守道的潜移默化，塑造了他舍生取义、忠君爱国的人生观和价值观。文天祥把儒家倡导的"浩然正气"上升到爱国主义的高度，"人生自古谁无死，留取丹心照汗青"，"臣心一片磁针石，不指南方不肯休"，这是他人格精神的光辉写照。纵观其一生，都在践行庐陵文化中爱国主义的光荣传统，正如他在《正气歌》中所说"皇路当清夷，含和吐明庭。时穷节乃见，一一垂丹青"。他毁家纾难，舍身为国，英勇就义，体现了中华民族几千年来坚持正义、敢于斗争的历史传统，诠释了人类精神的崇高与伟大，把爱国主义精神发扬到前所未有的高度，激励了一代又一代的仁人志士。

庐陵自古出忠臣，浩然正气贯长空。以"五忠一节"为代表的庐陵先贤善文章，讲节义，张扬人格，激浊扬清。他们都有浓烈的爱国情怀，为了国家和百姓利益，不惜牺牲个人生命，他们的忠义正气，永存世间，昭显人世。在欧阳修、杨邦乂、胡铨等人的影响下，庐陵涌现出大量可歌可泣的英雄人物：宋代有刚正爱国的王庭珪、直言敢谏的孙逢吉等前贤，明代有"打不死的"李时勉、忠肝铁胆的刘球、直节大臣罗伦、宁折不弯的邹元标等直臣，清代有侠肝烈胆的才女刘淑英、有被誉为"天下清官第一"的王言。庐陵人的正气、骨气、才气，凝聚成一股无形的力量，代代传承，并发扬光大，庐陵，也由此被誉为"正气之乡"。

白鹭洲书院内"五忠一节"浮雕

三、庐陵风骨的精神特质

风骨是中国自古及今一直推崇的美好品质。"风"表示风采、风度，指一个人的气质和风度；"骨"表示骨气、傲骨，指一个人的坚韧和坚持。风骨合在一起，形容人们在困难和挑战面前能够保持刚正不阿的气概和品格，以及顽强的风度和气质。"君子之修身也，内正其心，外正其容"（欧阳修语），"节义天下之大闲，万世不可得而逾也"（周必大语），"孤臣腔血满，死不愧庐陵"（文天祥语），千百年来，这些寄寓庐陵风骨的警句无不让人动容，产生震撼人心的力量。

庐陵风骨是对庐陵先贤人格独立性与价值坚守的概括，其突出特质体现在六个方面：忠贞爱国、丹心节义、勤政廉明、革故鼎新、守信向善、开放包容。

忠贞爱国。爱国是人世间最深层、最持久的情感，爱国主义是中华民族精神的核心，激励着一代又一代中华儿女为祖国发展繁荣而不懈奋斗。习近平总书记在 2018 年同北京大学师生座谈时指出："做人要有气节、要有人格。气节也好，人格也好，爱国是第一位的。"庐陵先贤始终将气节与人格融合在爱国的层面，自两宋以来，庐陵涌现出无数仁人志士、现代的革命者和英雄人物，他们在面对困难和挑战时，始终坚守自己的信仰和原则，为国家和民族的利益而奋斗到底，展现了忠贞爱国的崇高精神。

丹心节义。千百年来，庐陵先贤在民族危难的关头，在人生重大的生死抉择中，体现出"天下兴亡、匹夫有责"的担当意识、舍生取义的牺牲精神、视死如归的英雄气概。杨邦乂誓死不降，文天祥慷慨就义，李邦华从容殉国，郭维经城破自焚，一幕幕舍生取义的场景感人至深，英雄的事迹永远铭记在我们心中。庐陵先贤的事迹和精神，激励着后人奋勇前行，成为庐陵文化坚实的精神底蕴。

勤政廉明。习近平总书记强调："要把干净和担当、勤政和廉政统一起来，勇于挑重担子、啃硬骨头、接烫手山芋。"廉明是前提，从政不廉，何以谈信念？勤政是途径，廉而不勤，何以谓忠诚？在庐陵这片土地上涌现出了很多廉政的先贤。如为民请命、直言弊政的欧阳修，兴利除害、心系百姓的聂豹，辞谢赠金的外交使臣郭汝霖，惠政恤民、廉洁自律的王言，这些先贤廉政的事迹，至今依然在国内广为流传，成为廉政文化领域中的一朵朵奇葩，具有独特的社会价值和教育意义，深受人们的关注和喜爱。这些先贤的廉政故事，既表现了庐陵先贤爱民利民、廉洁奉公的高贵品格和坚定信念，又是优秀民族文化精神的传承体现，成为我们进行理想信念教育的生动教材。

革故鼎新。创新是国家和民族发展的第一动力。习近平总书记指出："中华民族始终以'苟日新，日日新，又日新'的精神不断创造自己的物质文明、精神文明和政治文明，在很长的历史时期内作为最繁荣最强大的文明体屹立于世。"庐陵先民和前贤一直秉持着改革创新的精神，不断推陈出新，如欧阳修引领了北宋诗文革新运动，杨万里创立了"诚斋体"。庐陵先贤在科举、教育、农业、陶瓷业、禅宗、道教、理学、哲学、科学、文学等领域创造出卓越的成就，代表了当时的国家水平，推动了中国

现代出版的《宋杨文节公文集》影印本

历史文明的发展进程。

守信向善。千百年来，庐陵先贤将修身养德、存仁向善作为家庭教化的主要内容和立身处世的根本原则。欧阳修在《辨左氏》文中说："君子之修身也，内正其心，外正其容。"自古及今，吉安人明礼、诚信、向善、淡泊，视诚信为结交天下的根本，以向善为修身入世的准则。近代百年，有一批乡贤名士深受庐陵文化浸染，以天下为己任，紧随革命先行者的脚步，图强求富，扶危济困，在探索民族独立和人民解放的历史进程中做出了一定的贡献。

开放包容。习近平总书记指出，中华文明具有突出的连续性、创新性、统一性、包容性、和平性。庐陵地域得大自然之厚爱，物华形胜，有着独特的多样化的地理环境。频繁的人口迁徙、土客交融的人文氛围，使得人们必须在求同存异的前提下，和谐相处，共同发展，形成了开放包容的特质。北宋欧阳修"处事执心，不为毁誉而更变"，他不计较个人恩怨，内举不避亲，外举不避仇，始终以国家利益为重，体现了庐陵人开放包容的宝贵品质。

在庐陵风骨的突出特质中，丹心节义是庐陵风骨的核心，是最广泛、最持久、最深入人心的精神特质。忠贞爱国是庐陵风骨的表现，是最闪光、最崇高、最打动人心的精神归宿。守信向善、开放包容是庐陵风骨在生活和事业中的外化，体现"风"的优雅内涵。勤政廉明、革故鼎新是庐陵风骨在工作和事业中的体现，体现"骨"的鲜明特点。这些风骨特质，生动诠释了社会主义核心价值观的精神内核和历史底蕴，引导人们在对美好生活的向往中，不断自我完善，寻求正义，追求风骨，努力践行社会主义核心价值观，形成以实现中华民族伟大复兴为己任的强大精神力量。

四、庐陵风骨的时代价值

历史文化价值。庐陵文化中的"正气"与"风骨"是中华文明精神内核的重要体现，承载着士人阶层的道德理想、人格追求与社会责任感。以欧阳修、文天祥为代表的追求节义风骨的精神传统不仅塑造了庐陵文化的独特品格，对中华民族精神的凝聚与历史发展产生了深远影响。这种精神传统通过史书、文学、教育代代相传，成为中华文化中爱国主义的核心内容，影响了普通民众的价值观与家国认同，让人们知往事，昭来者，重气节，心怀家国，形成优良传统，代代相传，具有国家乃至世界意义。

道德伦理价值。风骨是传统道德伦理中极具代表性的价值观念，体现了士人阶层对理想人格的追求，以及对社会责任、道义原则的坚守。庐陵风骨包含以天下为己任，报效国家的崇高理想，这种精神传统贯穿于庐陵文化的思想体系之中，并通过以"五忠一节"为代表的历代庐陵先贤的历史实践，成为中华文明的重要精神遗产，唤醒每个个体对道德共同体的自觉担当，激励我们自觉追求民胞物与、维护社会正义的永恒伦理价值，而其中蕴含的守信向善、开放包容的特质，也有利于促进社会的和谐稳定，维护社会安定有序的局面。

社会教育价值。庐陵风骨凝结着古代吉安人的精神品格与文化基因，这种鲜明的道德范式，既包含着儒家"富贵不能淫，贫贱不能移"的节操坚守，也蕴含着道家"独立而不改"的人格追求，成为中华优秀传统文化中独特的精神标志。在价值多元的当代社会，庐陵风骨为我们提供了超越功利的精神坐标，让我们近距离感受庐陵文化，爱岗敬业、勇于奉献、追求卓越，同时也让我们发扬斗争精神，敢于斗争、善于斗争，自觉肩负历史使命，为推进中华民族伟大复兴汇聚强大精神动力。

第一章

忠贞爱国

忠贞爱国如同一座巍峨的灯塔，指引着庐陵儿女前行的方向。这不仅仅是一种情感的寄托，更是对正义与忠诚的深刻践行。它蕴含了庐陵代代仁人志士对于祖国、民族的无限忠诚与坚贞，是他们人生观、价值观的核心所在。

在风雨飘摇的岁月里，无数庐陵儿女挺身而出，用血肉之躯筑起捍卫家园的钢铁长城。他们坚守着内心的信念，即便粉身碎骨，也绝不向敌人低头，这份气节，正是忠贞爱国的生动写照。

忠贞爱国，是面对困境时的原则底线。在纷繁复杂的社会环境中，保持清醒的头脑，坚守自己的道德底线，不为诱惑所动，不为困难所阻。在《论语》中，"临大节而不可夺"的君子形象，是对忠贞爱国精神的深刻诠释。这种气节，不仅体现在生死关头，更体现在日常生活的点点滴滴。它要求我们在每一个选择面前，都能坚守正义，不为私利所惑，不为权势所屈。

忠贞爱国，是庐陵儿女代代相传的精神财富。它激励着我们不断前行，在新时代新征程中，继续发扬这种高尚的道德操守，为实现中华民族伟大复兴贡献自己的力量。

一、爱民爱国　操守高洁

（一）脖子最硬的人

胡铨（1102—1180），字邦衡，号澹庵，今青原区人。出生时，正值北宋末年，天下动荡。他自幼饱读诗书，心怀天下，立志报国。1128年，宋高宗以《治道本天，天道本民》的御题对策，胡铨答以"汤武听民而兴，桀纣听天而亡"洋洋万余言，高宗读后，感到奇异，取为进士，列为第五。后来，胡铨升任枢密院编修官。

胡铨画像

胡铨小时候就聪颖，读书遇疑必究，不通不辍，志向高远，百折不挠。

1126年，24岁的胡铨，雄姿英发，告别故里，顺富水、赣江而下，来到庐陵城参加乡试，因文采超群，高中黄榜。

1127年，高宗赵构登基，南宋建立。第二年，满腹经纶的胡铨从庐陵匆匆赶来扬州参加进士会试。扬州自古繁华，风光无限，但自金兵南下后，到处是"废池乔木，过春风十里，尽荠麦青青！"偏安一隅的南宋小朝廷却文恬武嬉，不图恢复失地，整日丝管悠扬、笙歌阵阵。

胡铨对金兵的凶残切齿痛恨，对当政者丧失斗志、不思进取极为不满。他在《策论》中挥毫直言："臣闻国将兴，听于民；将亡，听于天。汤、武听于民，其兴也勃焉；桀、纣听于民，其亡也忽焉。"为了收复失地，振兴大宋，他建议高宗卧薪尝胆，学习勾践，举贤除邪，择将练兵、体恤民生……《策论》洋洋万言，言辞激切。

高宗阅后大为赞赏，拟录取进士第一，只是"迎还二圣"触其心病：若二圣回来，朕圣名何有？圣位安在？主和派也怕他日后主张抗金，便以言辞过于激切为由，将胡铨列为进士第五，授抚州军事判官。时值胡铨家父病逝，遂回乡守孝，没有赴任。

在那风雨飘摇的 1129 年，金国军队如洪水猛兽般席卷而来，南宋的江山岌岌可危。高宗赵构，这位初登宝殿的帝王，面对金兵的凌厉攻势，选择了南逃，将皇城的繁华与百姓的安危，一并抛诸脑后。

隆祐太后，这位曾深居宫闱的尊贵女子，如今却带着嫔妃、宫女及大臣，仓皇逃难。她们沿着赣江而上，心中满是对未来的不确定与恐惧。然而，命运似乎并未打算轻易放过她们，刚离洪州，金军的铁蹄便已踏过长江，如影追来。

吉州，这座本应繁华的城池，却因太守杨渊的贪生怕死，变成了一座空城。当隆祐太后一行风尘仆仆地赶到此地，迎接她们的，不是官员的接驾，不是军士的守护，而是无尽的荒凉与绝望。守无兵，吃无粮，住无地，这位曾高高在上的太后，此刻也只能无助地哭泣，思念着被金兵掳走的儿子。

在这绝望之际，一支义军，如同天降神兵，进驻了吉州城。他们有着一颗颗炽热的爱国之心，有着一份份为保家卫国而不惜牺牲一切的决心。

太后闻义军之举，亦觉一股暖流涌动：举兵前来护驾，定是一片忠心。

招募义军，谈何容易！粮草、装备、人员，无一不是难题。胡铨深知此中艰难，但他没有退缩。他以募兵守卫家乡、保护百姓为由，邀集了庐陵境内一些有名望、有权势的绅士，召开了"募兵守土会"。

胡铨为保隆祐太后安全，保护太后一行顺利前往泰和、万安等地避难，自己则率领义军，守卫吉州。金军头目见城内防守严密，又无船渡江，只得无奈撤退。

胡铨保驾的故事，很快在吉州城乃至宋王朝传开了。他的忠诚与勇气，激励着无数热血男儿挺身而出，为国家的安宁和民族的复兴而努力奋斗。1135 年，胡铨升任枢密院编修官，负责编纂全国军事文件。每日与军国大事为伴，他对国家的局势了如指掌。他渴望南宋能够收复失地，重振国威，然而，现实却让他一次次失望。1138 年，秋风萧瑟，临安城的菊花在寒风中怒放，金黄的花瓣仿佛在诉说着这个时代的悲凉。然而，枢密院编修官胡铨却无心欣赏这秋日的美景。他的心中，正燃烧着一团烈火，那是愤怒，是悲愤，是对国家命运的深深忧虑。

朝中，主战派与主和派的斗争愈演愈烈。主战派的将领如张浚、岳飞等人，深受忠直之士的拥戴，他们主张北伐，收复中原。然而，以秦桧为首的主和派却得到了高宗皇帝的支持，牢牢把持着朝政。胡铨始终站在主战派一边，对秦桧等人的卖国行径深恶痛绝。

1138 年 10 月，一件令人愤慨的消息传遍了临安城。奸相秦桧派遣亲信王伦出使金国，表达议和之意，并请求金国派使者前来临安商谈具体事宜。金国派来的两名使者，傲慢无礼，根本不把南宋皇帝放在眼里。他们代表金主宣读"诏书"，竟将南宋称为"江南"，而高宗赵构则被他们贬为"臣子"。更令人发指的是，金国使者公然要求高宗脱下黄袍，改穿臣服，跪拜在他们脚下接受金人的"国书"。他们还提出，南宋必须对金纳贡称臣，每年向金国进贡 25 万两银、25 万匹绢。

这一消息传出后，朝野震动，民怨沸腾。胡铨得知此事，心如刀绞，彻夜难寐。他痛恨高宗的软弱无能，更痛恨秦桧的卖国求荣。他深知，这样的议和，不仅辱没了国格，更将人民推向了万劫不复的深渊。

夜深人静，胡铨独坐书房，铺纸研墨，提笔写下了一篇震撼千古的奏疏《戊午上高宗封事》。他的笔锋如刀，直指时事，揭露了秦桧、王伦等人的丑恶嘴脸。胡铨的笔锋凌厉，他分析了抗金的形势，指出南宋尚有可为之处，绝不能屈膝求和。他写道："若不斩王伦，国家存亡未卜！秦桧、孙近等人，卖国求荣，罪该万死！臣义不与桧等共戴天，愿斩此三人之头，悬于街市，以谢国人！"最后，他毅然决然地表示："若不如此，臣宁愿赴东海而死，亦不愿在小朝廷苟活！"

写完最后一个字，胡铨长舒一口气，胸中的愤懑似乎随着笔墨倾泻而出。他知道，这篇奏疏一旦呈上，必将引来杀身之祸。然而，他毫无畏惧。他心中只有一个信念：为国尽忠，死而无憾。

次日早朝，胡铨将奏疏呈献给高宗。朝堂之上，气氛凝重。秦桧等人面色铁青，眼中闪过一丝杀意，而胡铨却神色坦然，目光坚定。他知道，自己的命运已与这篇奏疏紧紧相连。果然，奏疏一经呈上，便如惊雷般震动了朝野。临安城内，吏民争相传颂，赞誉之声不绝于耳。

　　这篇奏疏引来了金国的关注。金熙宗完颜亶得知此事后，迫不及待地想一窥究竟。他派遣密探前往临安，不惜重金购买《戊午上高宗封事》。

　　金熙宗读了胡铨的《戊午上高宗封事》，感慨万分，特别是感慨于胡铨以死相谏、大义凛然的气节。金熙宗对众臣说："宋朝外有韩世忠、岳飞这些以死相拼的忠勇之将，内有胡铨等敢于死谏的忠义之臣，宋廷真不可轻视！"于是，金人"边马不南者二十年"。南宋因此有了苟延残喘的时机，真可谓"一书安邦"。

　　胡铨却因此贬官流放20余年之久。他的一生正如他在自述诗中表达的一样："久将忠义私心许，要使奸雄怯胆寒。"

　　胡铨的《戊午上高宗封事》，不仅是一篇奏疏，更是一曲忠魂的赞歌。它记录了那个时代的悲壮，也见证了胡铨那颗赤诚的报国之心。正如后世所评价的那样："胡铨之文，字字如刀，句句如剑，直指奸佞，震撼千古。"

　　如今，千年已过，胡铨的名字依然熠熠生辉。他的《戊午上高宗封事》，被誉为"天下第一奇书"，不仅因其文采斐然，更因其蕴含的爱国精神，激励着一代又一代的中华儿女，为国家的繁荣与富强而奋斗不息。

　　1164年的冬天，南宋王朝正面临着一场前所未有的危机。金国见南宋在议和与主战之间犹豫不决，便趁机挥师南侵，企图以武力迫使南宋称臣纳贡。一时间，楚荆、昭州、濠州、滁州等地相继失守，南宋的防线岌岌可危。

青原区胡铨雕塑广场

　　在这危急时刻，一位年过花甲的老将挺身而出，他就是兵部侍郎胡铨。胡铨深知，只有扑灭金国的嚣张气焰，才能为宋孝宗壮胆，力拒朝中议和派的主张，于是，他毅然请命，挂帅出征，誓要解救高邮之围。

　　孝宗皇帝批准了胡铨的请求，准许他全权指挥。胡铨一面命令李宝发兵救援高邮，一面亲自率领一万精兵渡过淮河，向高邮进发。然而，此时的淮河已经封冻，渡口上的船只无法摆渡，大军被阻在了北岸。

　　面对这突如其来的困难，胡铨没有退缩。他深知，时间就是生命，迟延时间就意味着更多的土地将落入敌手，于是，他当机立断，决定采取破冰连船铺板的办法，让大军迅速渡过淮河。

命令宣布后，胡铨身先士卒，手执大铁锤，冒着凛冽的寒风，第一个跳下了刺骨的淮河。他挥舞着铁锤，使劲地把冰打碎，为大军开辟出一条通往胜利的道路。在他的带领下，士兵们也纷纷跳入河中，用铁锹、锤子等工具破冰铺路。一时间，淮河河面上响起了震耳欲聋的破冰声和士兵们的呐喊声。

寒风如刀割般刺骨，雪花在空中飞舞，仿佛在为这场壮烈的战斗助威。然而，胡铨和他的士兵们却毫不在意这些，他们的心中只有一个信念：那就是尽快渡过淮河，击退敌人，解救高邮守军。

经过一番艰苦的努力，淮河上的冰层终于被破开了一条通道。胡铨命令士兵们将船只连接起来，铺上木板，形成了一条坚实的浮桥。大军迅速通过浮桥，向高邮城进发。

当金兵看到南宋大军突然出现在他们的眼前时，都惊得目瞪口呆。他们原以为南宋军队已经被淮河的天险所阻，无法前来增援。胡铨和他的士兵们却用实际行动证明了他们的错误。

在胡铨的鼓动下，士兵们一个个精神振奋，奋勇向前。他们有的跳下河，用铁锤击冰，有的架设舟桥，开辟行军道路，大军顺利渡过淮河，跑步前进，直插高邮。

胡铨身先士卒，冲锋在前，军士们士气大振，斗志倍增，很快就冲破了金军的重重包围，与高邮守军会合。李宝将军接到命令后，不敢违抗，带兵前来救援，从侧面向金军进攻。金军抵挡不住，如潮水般往后撤，全线崩溃，沿途尸横遍野，血流成河，高邮之围顺利解除，守军大获全胜。三军凯旋，孝宗御驾亲迎至城外，胡铨大名远播。

这场战斗的胜利，不仅解救了高邮之围，更极大地鼓舞了南宋军队的士气。他们看到了胡铨这位老将的英勇和智慧，也看到了自己战胜敌人的希望和可能。人们纷纷称赞他的英勇和智慧，将他视为抗金英雄。

胡铨的故事，不仅是一段历史的记忆，更是一种精神的传承。他用自己的行动诠释了什么是忠诚、什么是勇敢、什么是智慧。他的事迹激励着一代又一代的人们，在国家与民族遇到困难和挑战时，能够不畏艰险、勇敢地站出来，贡献自己的力量。

（二）执法为民谋福祉

刘沆（995—1060），字冲之，号庐山，永新县人。天圣八年（1030），殿试一甲第二名进士。以龙图阁学士的身份权知开封府，后官至丞相。自进士设科，擢高第至宰相者，吉州以沆为首。卒谥文安。

刘沆为人刚正，为官清廉，为民作主，深得民心，在位以"长于吏事"著称，做了许多值得称道的事情，其中最显著的是提出抑强、救弊的政治主张，被誉为一代贤相。

刘沆中了进士，官授大理评事，通判舒州（约在今安徽省潜山市一带），开始了他的官宦生涯。一上任，前任积压多年、悬而未决的案件，经他数天审理就处理完毕，并且平反了一些冤假错案，显示了公正办案、依法理政的好作风。

在北宋的浩瀚星空中，刘沆如同一颗璀璨的星辰，以其非凡的智慧与勇气，照亮了那个时代的夜空。他，自小便怀揣着治国平天下的宏愿，以正直之姿，踏入仕途，开启了一段传奇的仕宦征程。

刘沆初入官场，以一腔热血和公正之心，让世人见识到了何为正确的为官之道。在舒州，那些积压多年的案件，如同沉重的枷锁，束缚着无辜者的灵魂，而他，仿佛一位手持利剑的侠客，短短时日，便将这些陈年旧案一一剖析，让真相大白于天下，使冤屈得以昭雪。他的公正与效率，如同春风化雨，滋润了百姓的心田，也让他在民间赢得了极高的声誉。

真正的考验，往往伴随着权力的阴影。章献太后下诏修建的山谷寺与资寿宝塔工程，本是祈福国家昌盛的善举，却因内侍张怀信的贪婪与暴虐，变成了民不聊生的苦役。张怀信仗着诏命在手，肆意践踏民权，州县官员畏惧其权势，纷纷选择避而不见。在这关键时刻，刘沆挺身而出，他没有选择沉默，更没有随波逐流，而是以一纸奏章，直击问题的核心，勇敢地站在了正义的一边。他的笔触，如同锋利的匕首，刺破了张怀信的伪装，最终，这位横暴的监工被罢免，民工的苦难得以解脱。

1043 年，陕西大地出现饥荒，百姓流离失所，怨声载道。张海、郭邈山等人揭竿而起，商山烽火连天，宋廷为之震动。面对此情此景，刘沆挺身而出，他向执政者陈述己见，认为应以安抚为主，不可轻启战端。可他的声音，在朝堂上显得如此微弱。宰相不悦，以位高权重之语相压，言下之意，除非刘沆自己坐上相位，方能实施他的主张。

刘沆淡然一笑，他的回答，如同石鼓山的清风，拂过朝堂的喧嚣："宰相岂有常哉！时来则为之耳。"这句话，不仅是对宰相的回应，更是他对仕途的豁达与超脱。在他看来，相位不过是一时之荣，真正的责任，是心怀天下，为百姓谋福祉。不久，刘沆判吏部流内铨，肩负重

刘沆浮雕

任，踏上了出使契丹的征途。

那时的北宋，正值多事之秋。西夏、契丹两大强敌，如同豺狼虎豹，不断侵扰着边境的安宁。宋廷内部，虽有壮志凌云之士，却也多奉行"守内虚外"之策，以求得一时的苟安。于是，数以万计的银钱和物资，如同流水般淌向敌国，来换取那脆弱的"安稳"。然而，在这股妥协的浊流中，刘沆如同一股清流，坚定地站在主战派的立场，对那些出卖民族和国家利益的行为，投以严厉的目光。

契丹，这个北方强敌，对于刘沆的到来，并未表现出应有的尊重。在宴席上，契丹负责接待的官员杜防，带着几分戏谑与挑衅，企图通过劝酒的方式，将刘沆灌醉，从而使其失言，以达到其不可告人的目的。几杯酒后，刘沆佯装醉意，拂袖而起，大骂杜防的无赖行径。这一幕，不仅让杜防的阴谋落空，更让在场的所有人，都感受到了刘沆的铮铮铁骨与不屈精神。

当这件事传到宋廷时，却未得到应有的赞赏与肯定。朝中一群权臣，畏惧外交事端，担心刘沆的行为会触动契丹的敏感神经，从而引发更大的战乱，于是，他们纷纷向仁宗皇帝进谗言，制造事端，试图将刘沆的功绩抹杀。仁宗皇帝，这位本应英明果断的君主，却在此时表现出了他的优柔寡断。他不仅未对刘沆的英勇行为进行奖赏，反而将其贬谪到潭州，接着，刘沆又被降知和州，再改知江州。这一路的风雨飘摇，仿佛是对刘沆忠诚与信念的考验。

刘沆调回京都，知审刑院，后又改知永兴军。在这里，他遇到了这样一起案件：下级官吏未经批准从库中取酒和炭，上司却以此吏监守自盗上报朝廷。面对这起看似铁证如山的案件，刘沆却眉头紧锁，他深知此地物产丰富，怎会有人为区区酒和炭铤而走险？他断定，这背后定有隐情。

当刘沆将这一分析呈给仁宗时，仁宗不禁点头称是，这起错案才得以纠正，刘沆的精明强干也再次得到了仁宗的器重。

此后，刘沆一路升迁，至尚书工部侍郎，再到1051年任参知政事，执副宰相之位。但这并非他仕途的终点，而是他为国为民、积极参政的新起点。

在刘沆任职期间，宋廷的政事决策不再由宰相一人独断，而是多经廷议解决。他积极参与国事决策，对于重大的问题，总是力排众议，寻求最佳解决方案。他的出现，如同一股清流，洗涤着朝政的每一个角落，使得政事得以匡正，国家得以安宁。

刘沆以其执法严明、疾恶如仇、刚正义烈的品格，成为朝中一面旗帜，也成为世代为政者景仰的榜样。他对贤才的赏识与推荐，展现了他作为伯乐的一面。当欧阳修被判流放，身陷谗言之时，是刘沆挺身而出，上书力保，不仅留他在史馆，还推荐他修撰《唐书》，不久后又举荐他担任翰林学士，彰显出刘沆对人才的珍视与爱护。

二、矢志不渝　鞠躬尽瘁

（一）五朝元老留青史

杨士奇（1365—1444），名寓，号东里。泰和县人。明代政治家、文学家。与杨溥、杨荣同为内阁辅政，时称三杨。杨士奇为三杨之首，是台阁体诗派盟主。卒赠太师，谥文贞。

杨士奇为内阁辅臣40余年，首辅21年。身居高位时间之长，在明朝阁臣中是绝无仅有的。这种际遇与他端谨守正的操守和卓越的政治才干是分不开的。这种儒家忠贞大度的道德精神及其谦慎清廉的治国之道，让他深受朝廷的倚重，并在朝臣间享有很高的威望。

幼年的杨士奇，命运似乎对他并不公平。父亲早逝，五岁那年随母改嫁，寄人篱下。生活的艰辛并未磨灭他求知的渴望。虽然家境贫寒，但他矢志求学，决心用知识改变命运。因无钱买书，他只得四处借书抄读。凭借着不懈地努力，杨士奇在15岁那年开馆授徒，实现了生活自给。他的

杨士奇雕像

学识渊博，不仅在当地小有名气，更吸引了众多文人学士前来求教。汉阳守令王叔英更是称赞他为"王佐才也"，这一句赞誉，如同春风拂面，他的才华很快显露。

1400 年，杨士奇以史才荐入翰林，任编修官。这是他人生的重要转折点，也是他才华得以施展的舞台。在吏部考试中，他一举夺魁，入内阁，典机务，进侍讲。他宽厚待人，清廉律己，立朝刚正，举止恭慎，赢得了朝野上下的尊敬和赞誉。

出身贫寒的杨士奇，深知民间疾苦。他常以国家安定和人民生活为念，为民请命，刚直敢言。在成祖、仁宗、宣宗等朝，他都扮演着举足轻重的角色。他辅佐太子，官至左春坊大学士、礼部侍郎兼华盖殿大学士，兼兵部尚书，与杨荣、金幼孜等人一同获得了仁宗颁发的"绳愆纠缪"银章，这是对他卓越贡献的高度肯定。

　　杨士奇历事建文、永乐、洪熙、宣德、正统五朝，以内阁大臣之职辅佐君王40余年。他用自己的一生，诠释了什么是真正的"以天下为己任"。他的故事，如同一盏明灯，照亮了无数寒门子弟前行的道路，激励着他们不断追求梦想，勇往直前。

　　杨士奇从政时期，爱才如命，重才若渴。他深知，人才乃治国之根本，于是，他以一双慧眼，巡视朝堂内外，寻找那些被埋没的英才。周忱，这位理财名臣，曾在工部右侍郎之位上大展拳脚，总督江南税粮，政绩斐然；况钟，苏州知府，清官楷模，为民请命，深得民心；于谦，兵部右侍郎，北京保卫战的英雄，他的英勇事迹，至今仍激励着无数后人。这些人才，都是杨士奇慧眼识才而举荐的。

　　在成祖朱棣身边，杨士奇总是以其正直善良的言行，深深影响了这位雄才大略的帝王。每当朱棣心生怒气，想要严惩某些臣子时，杨士奇总是能够及时出现，用他那平和而坚定的语气，劝解朱棣要宽以待人，不要因为一时的愤怒而失去了忠臣。

　　杨士奇，是一位令人敬仰的清廉之臣。他以节俭为

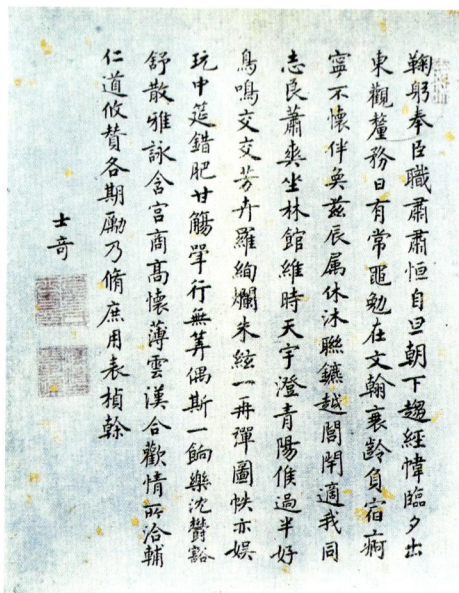

杨士奇手书

本，心系百姓，用智慧和勇气在大明朝书写了一段段佳话。

仁宗初登帝位，国家正值百废待兴之际。杨士奇深知国家之不易，百姓之艰辛。他向皇上谏言："陛下，永乐年间屡兴军役，民力已衰竭。今当节俭兴国，减少朝廷用度，勿使百姓再受劳役之苦。"仁宗闻此，深感其言有理，遂命杨士奇拟诏，停止了下西洋的宝船、云南的宝石、交趾的金珠以及撒马儿罕等地的马匹等诸多买办事项。

杨士奇品行节俭，还是一位敢于直言的大臣。一次朝上，群臣正商议元旦事宜，吕震极力请求用"极乐"庆贺佳节。杨士奇与黄淮认为此举过于奢华，与节俭之道相悖。他们上疏劝阻，却未得到仁宗的同意。杨士奇并未就此放弃。他在廷中等候至晚上十点，再次上奏，终于说服了仁宗。仁宗感慨道："吕震每次误我，如果不是你等的进言，我早追悔莫及了。"

杨士奇的清廉与忠诚，不仅体现在他的节俭与直言上，更体现在他对国家的无私奉献上。杨士奇大度清廉，忠于职守而又勤于政事，为明初盛世作出了杰出的贡献，也为为政者作出了典范。

（二）德昭望重状元郎

胡广（1370—1418），字光大，号晃庵。今青原区人。明建文二年（1400）高中状元，永乐五年（1407）任内阁首辅。并任文渊阁大学士，是明初著名的政治家、理学家。青年时代，胡广游学于闽粤，攻研经学，博览群书，精通经史子集、谙熟诗词曲赋。终至下笔行文有行云流水之势、赋诗深得盛唐之趣。他尤工书法，得行草之妙，独步当世。

1400年，胡广进京参加礼部会试。殿试对策以"亲藩陆梁，人心摇动"等语攫取帝心，甚得皇帝之意，建文帝遂亲擢其为进士第一名，并赐名为胡靖，授翰林修撰。

胡广历任侍讲、侍读、右春坊右庶子，1404年进翰林学士兼左春坊大学士，1407—1418年任内阁首辅。1402年，燕王朱棣攻陷京城（南京），胡广与解缙等旧臣顺应历史潮流，成为成祖皇帝的重臣。

胡广一生最突出的特点是为人严谨、为官谨慎。他任内阁首辅期间，两次随朱棣北征，出谋划策，伴其左右，深得信任。胡广体谅百姓疾苦，平息诸多冤狱。母亲去世，他回家乡丁忧。回朝廷后，朱棣向他了解民间疾苦，因王艮的亲属仍在遭受迫害，他上奏道，百姓生活安居，但是郡县官吏仍然对建文年间"奸党"之事穷追不舍，牵连的亲属太多太广，建议从轻发落。朱棣听后接受其建议，对建文帝的旧臣及家眷网开一面，停止追查，从宽处置。

朱棣坐稳皇位后，身边有许多溜须拍马之人，平常花言巧语，阿谀奉承。礼部郎中周讷上奏说，皇上不愧是明主，如今百姓安居乐业，边境安宁，大明天下到处莺歌燕舞！皇上雄才大略，文武兼备，谁不崇拜？皇上功德无量，可与秦皇汉武相比。秦皇当年赴泰山封禅，威震天下。皇上你也应去搞一次封禅。成祖读了奏章，十分高兴。

胡广知道此事后，觉得非同小可。封禅，是一种表示帝王受命于天、祭拜天地的典礼。胡广反对封禅，赶紧写了一篇《却封禅颂》上奏。他在奏章中指出，新朝建立不过十几年，国力还不雄厚，百姓也不太富裕。搞一次封禅要耗费巨大的人力、财力，兴师动众，劳民伤财，于国于民不利。其次，封禅只不过是个表明心愿的形式，并不能增加什么威望，没有实际价值。如上苍有灵，它自然会降好运给人间。如果国弱民穷，上苍也会伤心的。再则，皇上你英明无比，何必去求助什么神灵呢？成祖读了胡广的奏章，很受感动，打消了封禅念头。

胡广身为状元，他的文学才干自然是名不虚传。胡广一生著述甚多。曾任《永乐大典》副总裁，他主编刊印的书籍高达 20075 卷，是江西籍状元中出书最多的一个。他主编的《五经四书性理大全》，对后世的思想文化发展产生了深远的影响。

胡广接任内阁首辅后，他忠诚谨慎，决策稳重。胡广任内阁首辅 11 年，曾经两次主考京畿乡试，四次为廷试出卷人、阅卷官，为永乐朝培养和选拔了大批人才。

胡广白天参与朝廷政务，夜晚编书撰文。他主编书籍，坚持原则，执笔严谨，不容丝毫偏差。他亲自勘校补正书籍，经常熬夜，有时甚至通宵达旦。

1418 年 5 月，胡广因公务繁忙，积劳成疾，卒于北京官舍。胡广的后人及乡里乡亲世世代代奉行耕读传家，缅怀先祖，效仿先贤，崇德修身，好学上进的传统。

胡广的故事，如同一部跌宕起伏的史诗，让我们在品味中思考，在思考中感悟。他的刚毅、他的智慧、他的担当，都成为后人心中永恒的明灯，照亮他们前行的道路。

三、坚贞不屈　忠心可鉴

（一）鞠躬尽瘁为报国

金幼孜（1368—1431），名善，以字行，号退庵。今峡江县人。建文二年（1400）进士，官至礼部尚书，内阁宰辅。自幼便展现出"秀拔不群"的天资，勤勉于学，其父雪崖先生对其寄予厚望。

金幼孜一生以身许国、矢志不渝。他的故事，如同一盏明灯，照亮了后世学者前行的道路，让人不禁思考：何为真正的学有所成？或许，便是如金幼孜般，以学识为笔，以报国为志，书写属于自己的辉煌篇章。

他深耕儒家经典《春秋》，那里面的字字句句，如同甘露滋润他的心田。及至弱冠，他已是新淦县学中的邑庠生，声名鹊起。1400 年的春天，建文皇帝亲自主持殿试，金幼孜以二甲第四名的佳绩，荣膺进士。

1402 年的 6 月，朱棣登基，金幼孜审时度势，归顺新朝。8 月，他以翰林检讨的身份踏入文渊阁，与六位同僚共掌机密，一时风头无两。不日，金幼孜升任翰林院侍讲，专讲经史，其才华得到明成祖的赏识，被赐予象笏、幞头等尊贵之物。

金幼孜在辅导太子之时，受命作《春秋要旨》三卷，其学识之深，可见一斑。1407 年，他晋升为右春坊右谕德，肩负起辅导太子研习儒家经典的重任，用知识的光芒照亮太子成长的道路。

宣宗年幼时，成祖慧眼识珠，命翰林院近侍官员辅导其读书，而金幼孜在众多学者中脱颖而出，成为未来帝王的启蒙之师。他的教诲，如同春雨般润物无声，滋养着宣宗的心田，为其日后的治国理政奠定了坚实的基础。

1410 年，北疆烽火连天，明成祖朱棣亲率大军征讨蒙古鞑靼部落。金幼孜作为文臣中的佼佼者，随军出征，他的文才，在战场上同样熠熠生辉。每至要地，成祖命他记录山川地形。金幼孜的笔下，既有山河的壮丽，亦有战事的紧迫，每一笔都凝聚着对山河的深情。

1412 年，金幼孜担纲壬辰科会试考官，慧眼识珠，选拔了一批栋梁之材，一时之间，声名大噪。

1413 年金幼孜再次踏上北上的征途，伴君如伴虎，但他却以文人的风骨，书写着属于自己的传奇。次年，成祖亲征蒙古瓦剌部，金幼孜随军出征，笔耕不辍，著成《北征后录》一卷，字里行间，尽显文人的豪情与智慧。

回京后，金幼孜并未停歇，与胡广、杨荣等文臣一道，受命纂修《五经四书性理大全》。这部鸿篇巨制，不仅凝聚了他们的心血，更成为后世学子的瑰宝。

1420 年，金幼孜与杨荣一同晋升文渊阁大学士，仍兼翰林学士之职，这是对他才华与努力的最好奖赏。荣耀并未让他迷失，他依旧保持着文人的谦逊与自省。

1422 年，明成祖第三次北征，金幼孜再次随行。面对深入蒙古腹地的困境，他与杨荣上疏言陈利害，力劝成祖班师回朝，展现了文人的担当与智慧。在那片辽阔的草原上，金幼孜的身影，如同一抹亮丽的颜色，装点

峡江县金幼孜文化广场

着历史的风景。

最令人动容的，莫过于他与成祖之间的情谊。夜幕降临，万籁俱寂，成祖常与他在营帐中深谈至夜半。他们的话题，或国事，或人生，总有谈不完的话题。

战场无情，在一次行军中迷路，让金幼孜等三人深陷山谷。他们历经艰难，终在次日清晨回到大营。成祖见到他们，喜出望外，那份担忧与喜悦交织的情感，足以见证他们之间非同寻常的君臣之谊。

1424 年 8 月，太子朱高炽即皇帝位，是为仁宗。仁宗对于永乐朝内阁旧臣尤其是当过自己老师的杨荣、杨士奇、金幼孜等人更加信任，皆委以重用。金幼孜官户部右侍郎（正三品，大致相当于现在的财政部副部长），仍兼文渊阁大学士、翰林学士之职。

1425 年春，金幼孜迎来了人生的又一转折。他晋升礼部尚书，虽为荣衔，却无实权。自进士及第，25 载光阴，他未曾归乡。他上奏仁宗，言及母亲年迈，自己长年未归，渴望回乡探望。仁宗闻之，心生怜悯，慨然应允，并赐兵部勘合，使其沿途可享受驿站招待。此举，开创了朝中大臣请假归乡看望亲人的先河。

1431 年的秋风，带着几分凉意，吹拂过金幼孜斑白的发梢。这位年过花甲的老臣，此刻正被病痛折磨。宣宗闻讯，即刻命御医前往其府邸，希望能为这位忠诚的臣子减轻些痛苦。

时至冬日，金幼孜的病情却未见好转，反而日益加重。家人见状，心痛不已，私下里恳求金幼孜上书皇帝，为子孙后代祈求恩典。然而，金幼孜却严厉地拒绝了："此君子所耻也。"言罢，金幼孜便缓缓闭上了眼睛，离开了这个他深爱的世界。

金幼孜以自己的实际行动，诠释了知人善任的真谛，也为后世留下了宝贵的精神财富。他的文笔，如行云流水，既温婉细腻，又大气磅礴。在他的笔下，历史与现实交织，情感与理智交融，勾勒出一幅幅生动形象的画面，让读者仿佛穿越时空，与古人对话。

（二）刚正不阿勤为民

李时勉（1374—1450），名懋，以字行，自号古廉，安福县人。李时勉为南唐后主 17 世孙，明代直节名臣、文学家，吉安民间流传着"打不死的李时勉"的故事。

李时勉童年时励志力学，"冬寒以衾裹足纳桶中，诵读不已"。他 7 岁

李时勉画像

能背诵"四书""五经"，12岁能诗会赋。他在永乐二年（1404）中进士，选庶吉士，进学文渊阁，官至国子监祭酒。在国子监任职6年，言传身教，爱生如子，培养了彭时等一代名臣。卒谥忠文。有《古廉文集》11卷传世。

李时勉生于一个平凡的家庭，却怀揣着不凡的理想。他以学术为根基，先后参与纂修了《太祖实录》《成祖实录》《宣宗实录》和《永乐大典》等典籍，书里每句话都凝聚着他对国家、对历史深沉的思考。他的学术，如同他的人格一样，不为权势所动，不为名利所惑。《明史·本传》中，对他有这样的评价："性刚鲠，慨然以天下为己任。"这简短的几个字，高度概括了他一生的追求与坚守。

永乐十九年（1421），那是一个风雨飘摇的年月。三殿之灾，让国家蒙受了巨大的损失，也让朝野上下人心惶惶。这时，李时勉挺身而出，他没有选择沉默，而是毅然决然地上书朝廷，提出了"停止营建、沙汰冗官、赈恤饥荒、慎选举、严考核、清理狱囚、罢遣僧道、优抚军士"等 15 条建议。每一条建议，都直指时弊，每一句话语，都饱含深情。但这些建议，却忤逆了成祖的意愿，他因此被下狱。牢狱之灾没有让他屈服，反而更加坚定了他为国为民的信念。在内阁重臣杨荣的保荐下，他终于得以复职，但这份复职，却是他用血与泪换来的。

1425 年，朝堂之上，宦官擅权误国，国家再次陷入了危机之中。面对这样的局面，李时勉没有选择退缩，再次上书言事。这一次，他直接触怒了仁宗，被怒责并被打断了肋骨后投进监狱。即使在这样的绝境之中，他依然大义凛然，宁折不弯。他的坚韧与执着，让锦衣卫中的一名指挥官心生敬佩，用"血竭"药将他救治脱险。在满朝文武官员的请求下，仁宗虽然免了李时勉一死，却将他流放到交趾（今越南北部）做监察御史。在交趾，他又先后三次上书朝廷，侃谈国事，毫不避讳皇帝之短。他的这些举动，再次触怒了仁宗，将他逮捕问罪入狱。这一次的入狱，比之前的任何一次都要来得更加沉重。因为，他不仅仅是在挑战皇权，更是在挑战整个封建社会的秩序与规则。

幸运的是，宣宗登基后，李时勉终于得到了重新起用的机会。他被任命为国子监祭酒，这是一个让他能够继续为国为民贡献自己力量的舞台。然而，命运似乎并不打算就这样放过他。因为不依附宦官王振，他再次被构陷入狱。这一次，是他的学生国子监祭酒司马恂等千人跪伏皇宫前鸣冤呼救，才让他幸免于难。从此，"打不死的李时勉"誉声满朝。

回顾李时勉的一生，我们不难发现，他始终在用自己的行动诠释着"刚正不阿"这四个字的真谛。他敢于直言进谏，敢于挑战权威，始终为国家和人民的利益而斗争。他的每一次上书，都是对封建皇权的一次挑战；他的每一次入狱，都是对信念的一次坚守。他的故事，不仅仅是一个人的传奇，更是庐陵先贤的一个缩影。

（三）宁折不弯迎风立

邹元标（1551—1624），字尔瞻，别号南皋。吉水县人。明代理学家、教育家和诗人。1577年中进士，入刑部观察政务，累授吏科给事中、南京刑部照磨、南京刑部郎中、大理寺卿、刑部右侍郎、吏部左侍郎、左都御史，明代东林三君子之一。谥号忠介。

邹元标，这位来自吉水的硬汉，他的故事，被编成了民谣——"割不尽的韭菜苑，打不死的邹元标"流传至今，激励着无数后人。

那是一个权臣当道的时代，内阁首辅张居正权倾朝野，年幼的神宗皇帝和太后皆对他倚重有加。然而，当张居正的父亲去世，按礼法他应停职守孝，他却选择了留任，并大放厥词："世有非常之人，然后办非常之事。"这番言论，无疑在朝堂上掀起了一场轩然大波。大臣们议论纷纷，纷纷上书要求皇帝让张居正离职守孝。

在这股清流中，邹元标是其中的代表。他毫不畏惧张居正的权势，毅然写下了一份奏折，直指张居正忘亲情、不顾孝道，其行为犹如禽兽。邹元标的勇气，如同春日里的一声惊雷，震醒了沉睡的朝堂。然而，这也给他自己招来了无尽的灾祸。

当邹元标上朝面奏皇上时，门人深知其中的利害关系，不敢放他进

邹元标雕像

去。但邹元标以机智得以进入朝堂。张居正得知后怒不可遏，下令对邹元标施以廷杖之刑。八十廷杖，打得邹元标皮开肉绽，股臀重伤，但他却始终一声不吭。这份坚韧与不屈，让在场的每一个人都为之动容。

张居正一怒之下，将邹元标流放到贵州做都匀卫，整整6年。在这漫长的流放岁月里，邹元标并未消磨斗志，他的心中始终燃烧着对正义的渴望。而且，他并未因此改变自己的性格，仍然多次进谏忠言，触怒了年轻气盛的万历皇帝，再次被贬职。

邹元标的人生旅程，遭遇了一场场突如其来的贬谪。遥远的贵州，对许多人而言是流放与孤寂的象征，但对于邹元标而言，却是一片心灵探索的新天地。在这片远方的土地上，他"益究心理学，学以大进"，仿佛在最深沉的黑暗中，找到了一盏指引前行的明灯。

岁月流转，当张居正去世，邹元标终于迎来了奉诏复官的机会，出任吏部给事中。这一刻，他满怀激情，仿佛要将所有的智慧与抱负倾注于这片他深爱的土地。他向年轻的万历皇帝提出了五项建议，字字珠玑，句句深情，那是他对国家的期许，对未来的憧憬。

他接着又上疏改革吏治十事，直言不讳地指出了朝廷的弊端。这份忠诚与勇气，再次让他得罪了权臣，因而罢官回了老家。这次归乡，经历了漫长的 30 年。

这一次，邹元标沉心于讲学传道，用自己的行动影响着周围的人，成为著名的抨击时弊的东林党三君子之一。他以一种更加坚韧的姿态，继续书写着他的人生篇章。他建书院，设讲坛，以笔为剑，与学问为伴，与智慧同行。他的文字，如同山间清泉，清澈而深邃，流淌着对理学的执着与热爱。他两次游历岳麓书院，亲自讲学，门徒云集，他的思想如同种子，播撒在每个人的心田，生根发芽，茁壮成长。

当政治腐败，社会矛盾激化，东林书院内，一群志士仁人正以笔为矛，抨击时弊，裁量人物。邹元标闻讯，毅然加入，与顾宪成、赵南星并称"东林三君子"。他们虽身处江湖之远，却心系庙堂之高，那份对国家的忧虑与担当，如同夜空中最亮的星，指引着前行的方向。

邹元标的一生，是坎坷的一生，也是光辉的一生。他用自己的行动诠释了什么是真正的不畏强权、刚直不屈。在那个权臣当道的时代，他如同一股清流，冲刷着朝堂的污浊。他的故事，如同那首民谣一样，永远流传在人们的心中，激励着后人不断前行。

四、铁骨铮铮　君子风骨

（一）忠肝义胆是诤臣

周必大（1126—1204），字子充，一字洪道，晚号平园老叟，吉安县人。宋绍兴二十一年（1151）登进士第，历官高、孝、光、宁四朝，淳熙十六年（1189）官至左丞相。嘉泰四年（1204）卒，追赠太师，谥文忠。宁宗皇帝为他亲书"忠文耆德之碑"。

1126 年 8 月，周必大降生于庐陵县永和镇。自幼，他便被浓厚的文化气息所包围，那些关于忠诚与勇敢的故事，如同种子般深植于心。他痛恨那些为了私利而背叛国家的奸臣，更梦想着有朝一日能北伐建功，以身许国。

少年周必大已名震庐陵，他的文章如同璀璨星辰，照亮了庐陵的夜空。绍兴二十一年（1151），他一举中第，踏上仕途。从徽州司户参军到建康府教授，再到国史院编修官，每一步都凝聚着他的汗水与智慧。他的脚步未曾停歇，直至踏入那权力的核心——官至礼部尚书、吏部尚书，乃至参知政事、枢密院使，最终成为孝宗、光宗两朝的重臣，左、右丞相的荣耀加身。

1180 年的春光里，身为吏部尚书的周必大，踏上了通往朝廷政治中心的漫长阶梯。这一年，他任参知政事，成为朝堂上不可或缺的一员。

转眼间，周必大已任枢密使五年。这五年里，他深入军营，亲自考察军事实情，对朝廷的军事体制有了更为深刻的理解。在军事会议上，他总

吉安县周必大纪念馆

周必大雕像

能提出实质性的主张与建议，为国家
的安宁贡献着自己的智慧。

　　一次，皇上命周必大、王之奇、
陈良翰等人到殿内议事，让他们评价自己持政以来的功绩。周必大没有阿
谀奉承，而是直言不讳地指出皇上在举用贤才方面的不足。他的言辞恳
切，皇上听后深以为然，并决定厉行革除这些弊政。这一幕，成为朝堂上
的一段佳话，也让人们对周必大的正直与勇气刮目相看。

　　周必大的谏言之路并非一帆风顺。在施政方针等国事上，他曾因谏言
孝宗宠信近习而两次离朝。但孝宗深知他的忠诚与才能，很快便将他召
回。在孝宗心中，周必大是一位不可或缺的诤臣。

　　孝宗每遇举棋不定的政治问题，常单独问政于周必大，周必大必能引
经据典、鞭辟入里地加以分析，以安君心。甚至在高宗去世的一些礼仪问
题上，每当群臣意见不合，孝宗多按周必大的建议行事，由此可见孝宗对

他的赏识与信任，也可以看出周必大的忠心耿耿。

周必大，一个忠诚于君，敢于谏言的勇士。在暂代给事中的那段日子里，他如同一座巍峨的山峰，屹立不倒。当翟贵妃让孝宗违规提拔一名官员之事闹得沸沸扬扬，他挺身而出，竭力诤言，那份对正义的坚守，让皇上也不禁侧目。皇上曾笑言："原以为你只会写文章，没想到你竟然如此刚强正直。"这句话，是对周必大勇气与正直的最高赞誉。

周必大的勇气，不仅仅体现在对内的谏言上，在外交场合，他同样展现出了非凡的胆识与气魄。与金朝的停战讲和中，金朝使者趾高气扬，企图在礼节上压倒大宋。然而，周必大却如同一把锋利的剑，正言厉色地驳斥了对方的无理要求，并要求金国改正他们的称呼。这一幕，让金人惊愕不已，他们没想到，

周必大画像

在他们眼中软弱无能的宋朝，竟然还有如此刚烈爱国之士。

周必大，是一位闪耀着光芒的政治家与文学家。他的一生，是对忠君爱民最生动的诠释，他的每一个举动，都深深烙印在历史的画卷上，让人不禁为之动容。

江、湖二州的大旱之年，田地龟裂，百姓苦不堪言。周必大看在眼里，急在心里。他毅然奏请皇上，捐出南库钱二十万代民交税。这一举动，不仅缓解了百姓的燃眉之急，更赢得了皇上的高度赞赏。

周必大的一生，是忠君爱民、功绩显赫的一生。他在政治上展现出了卓越的才能，整肃军纪以强兵，发展商贸以富国，减赋赈灾以安民，择人才以修政；在文学上留下了不朽的篇章，他学识渊博，是名副其实的文学大家，他的文字，如同他的为人一样，刚正不阿、勤政爱民，充满了对生命的热爱和对国家的忠诚。

他的一生，是坎坷的，更是光辉的。他的故事，如同一部跌宕起伏的史诗，激励着每一个在逆境中挣扎的人。他让我们明白，真正的光芒，不在于地位的高低，而在于内心的坚韧与执着。即使命运多舛，只要心中有光，就能在黑暗中绽放出不朽的光芒。

（二）公正廉洁名声扬

刘俨（1394—1457），字宣化，号时雨。吉水县人。明正统七年（1442）状元。授翰林修撰。历任右春坊学士、太常少监兼侍读。谥文介。

刘俨，一位在科举时代闪耀光芒的主考官。他的名字，或许不为许多人所熟知，但他的公正与廉洁，却如同一股清流，在那个充满权谋与私欲的年代，显得格外珍贵。

科举，本是寒门子弟跃上龙门的重要途径。然而，当时世风日下，权贵们以权势和金钱为能，试图扭曲这一制度的公正性。对于那些出身贫寒却才华横溢的学子来说，科举之路变得异常艰难。他们往往因无靠山、无金钱，而被拒之门外，而那些平庸的权贵子弟，却能凭借不正当手段，轻易榜上有名。

在这样的背景下，刘俨挺身而出，成为考场上的一股清流。他深知自己肩负的重任，也明白公正选才对于国家未来的重要性，于是，他毅然决然地发布了安民告示，张贴考试纪律，明确表示要公正主考，拒绝一切说情与送礼。

为了表明自己的决心，刘俨在考场大门上张贴了一副对联：

铁面无私，凡涉科场，亲戚年家皆谅我；

镜心普照，但凭文字，平奇浓淡不冤渠。

这副对联，如同一面明镜，映照出他公正无私的心灵。它告诉世人，无论你是权贵子弟还是贫寒学子，只要你才华横溢，都能在科举考场上得到公正的评判。

1450 年，刘俨首次出任顺天府乡试主考。他凭借公正的评判，录取了江阴县徐泰为解元。然而，这一决定却引来了某些地方官员的猜疑和诽谤。他们无端质疑，并上奏朝廷，要求复试。面对这样的压力，刘俨没有丝毫动摇。他坚信自己的评判是公正的，也相信徐泰的才华经得起任何考验。

复试的结果，证明了刘俨的公正与眼光。大学士陈循监考，对徐泰的

刘俨故里刘氏宗祠

文章，认为当为第一。阅卷后，拆开弥封一看，第一名正是徐泰。这一结果，不仅让刘俨的声名大振，也让那些诽谤他的人哑口无言。

1454年，刘俨再次担任主考。这一次，他对托关系的考生坚持不予录取，又受到朝中某些人的诽谤。然而，他依然不为所动，坚持公正评判。当殿评读试卷时，评定孙贤为状元。他的公正、公平得到了人们的好评。

1456年，他再次出任顺天府乡试主考。内阁执政的两个大臣，嘱托他关照一下他们参加考试的儿子，录取时名次排前一点，以便有资格参加礼部会试。刘俨说，我只按规定主考，录取以成绩而定。录取名单公布后，两个大臣的儿子均落榜。两个大臣很不高兴，怂恿皇帝复试，命别的考官评卷，结果他们的儿子仍落选。刘俨不徇私情公正主考的精神，得到了众大臣的好评。

刘俨的故事，如同一部生动的历史教科书。它告诉我们，公正与廉洁是任何时代都不可或缺的美德。在科举考场上，刘俨用自己的行动诠释了公正与廉洁的真谛。他的事迹，不仅让后人敬仰，更让后人警醒：在当今社会，我们也要像刘俨一样，坚守公正与廉洁的底线。

（三）铁骨铮铮真君子

彭时（1416—1475），字纯道，号可斋，安福人。明代大臣、诗人。彭时幼年丧母，由继母余氏教育抚养成人。1448年，他状元及第，授翰林院修撰。第二年，郕王监国，令他同商辂入阁参预机务。同年冬，升任侍读。1452年，他迁左春坊大学士，参与修撰《寰宇通志》，书成后，任太常寺少卿。1457年，彭时再次踏入内阁，兼任翰林学士。

当时，英宗皇帝重用李贤，而李贤，这位权倾一时的重臣，对彭时推崇备至，每遇大事小情，总要征询他的意见。他的品格与作为，却如同一股清流，在那个充满权谋与私欲的时代，显得尤为珍贵。他持正论，不徇私情，从不计较个人的荣辱得失。在朝堂之上，他与李贤的争论时常成为众人瞩目的焦点。两人为了国家大事，争得面红耳赤，毫不退让。起初，李贤有些不悦，认为彭时是故意与自己为难。然而，随着时间的推移，李贤终于被彭时的耿直所折服，由衷地赞叹道："彭公，真君子也。"

彭时的正直与无私，不仅体现在他与李贤的争论中，更体现在他为国家、为人民所做出的种种努力上。当英宗皇帝听信谗言，准备罢免李贤、起用彭时之时，彭时并没有因此沾沾自喜，反而极力劝说英宗："李公有经济才，何可去？"他据理力争，反驳那些对李贤的诬陷之词，坚定地说："李公去，时不独留。"正是这份对同僚的尊重与对国家的忠诚，最终使英宗改变了主意，继续留用了李贤。

彭时的正直与无私，不仅赢得了同僚的尊重与敬佩，更在朝堂上注入了一股清流。他的言行举止，如同一面镜子，映照出那些只知私欲、不顾国家大义的臣子的丑陋嘴脸。在彭时的影响下，朝堂上的风气逐渐得到了改善，大臣们开始更加注重国家的利益与人民的福祉。

成化改元（1465），彭时晋升为兵部尚书。他的才华与品德，得到了朝廷上下的广泛认可与赞誉。《英宗实录》修成后，他被加封为太子少保，兼文渊阁大学士。彭时并没有满足于此，他深知，作为一位官员，不仅要做好本职工作，更要敢于直言进谏，为国家的繁荣与人民的幸福贡献自己的力量。1468 年，彭时改任吏部尚书，在这个位置上，他更加深入地了解了国家的政治生态与民生疾苦。

1471 年，彭时针对时弊，大胆上疏进谏，提出了著名的"言政本七事"，内容涵盖了国家政治、经济、军事、文化等多个方面。

他首先指出，不要迷惑于佛事，浪费国家金钱。在那个时代，佛教盛行，但过度的崇佛活动却给国家财政带来了沉重的负担。彭时认为，应该理性对待佛教，避免过度投入，以保障国家的正常运转。

其次，强调传达旨令要专门委托司礼监，不要随意委托他人，以防诈伪。这一建议旨在加强朝廷的权威与公信力，防止因信息泄露或误传而导致的政治动荡。

第三，建议要经常召见大臣讨论国家大事，不要擅作主张。他认为，皇帝应该广开言路，听取大臣们的意见与建议，以确保决策的科学性与合理性。

第四，主张赏罚要分明，要一视同仁，要有规范尺度。这一建议旨在维护朝廷的公正与权威，防止因赏罚不公而导致的社会动荡。

第五，强调要虚怀受谏，从谏如流，勿恶切直。他认为，皇帝应该虚心接受大臣们的批评与建议，不断改进自己的决策与行为。

第六，建议要广开言路，凡政令失当时要直言论奏。这一建议旨在鼓励大臣们敢于直言进谏，为国家的繁荣与人民的幸福贡献自己的力量。

最后，提出了清理牧马草地、减退势要庄田、轻徭薄赋、发展农业的建议。他认为，农业是国家的根本，只有保障农业的发展，才能确保国家的稳定与繁荣。

这"言政本七事"不仅体现了彭时对国家大事的深刻洞察与独到见解，切中时弊，展现了他作为一位官员的担当与责任。他的这些建议与主张，在当时的社会背景下显得尤为珍贵与重要。它们不仅为朝廷的决策提供了有益的参考与借鉴，更为后世的治理提供了宝贵的经验与启示。

彭时的一生，是正直与无私的一生，是忠诚与担当的一生。他的事迹，如同声声号角，穿越岁月的长河，激励着后人不断前行。当今，我们更需要像彭时这样的君子风骨，敢于直言进谏，勇于担当责任，为国家的繁荣与人民的幸福贡献力量。

爱国主义自古以来就流淌在中华民族血脉之中，去不掉，打不破，灭不了，是中华民族的民族心、民族魂。庐陵先贤的忠贞爱国，如同一股浩然之气，充盈于胸，让人在面对压力、敌人或困境时，依然能够坚守自己的原则和立场，不屈不挠，坚定不移。正如孟子所言："富贵不能淫，贫贱不能移，威武不能屈，此之谓大丈夫。"这份气节，是儒家思想中高尚道德的生动诠释，也是《论语》中"临大节而不可夺"的君子形象的生动写照。

在现实中，忠贞爱国同样具有重要意义。它不仅是个人品格的体现，更是社会风气的引领。当每个人都能够坚守自己的气节时，就会形成一股强大的正能量，推动社会向着更加文明、和谐的方向发展。反之，如果丧失气节，社会就会陷入道德沦丧的泥潭，难以自拔。

忠贞爱国，不仅是历史的传承，更是时代的呼唤。它告诉我们，在这个百年未有之大变局的时代，唯有保持内心的纯净与坚定，才能抵御外界的侵扰，守护心中的信仰与理想。这种精神，不仅是我们个人的力量源泉，更是推动社会进步、实现民族复兴的强大动力！

第二章

丹心节义

庐陵，自古便有"文章节义之邦"之美誉，节义文化源远流长。从欧阳修"果敢之气，刚正之节"的正气风范，到文天祥"人生自古谁无死，留取丹心照汗青"的壮志豪情，庐陵的丹心节义精神代代相传，融入每个庐陵人的血脉中。

丹心节义之魂不仅塑造了庐陵人坚守气节、忠诚报国的品格，也成为庐陵文化的精神内核，对当地乃至整个中华民族的文化和精神都产生了深远的影响，使得庐陵在中华民族的文明史上留下了浓墨重彩的一笔。

庐陵历史人物中，欧阳珣、杨邦乂、李邦华、刘同升、郭维经等先贤，他们的丹心节义共同构成了庐陵深厚的节义文化。作为庐陵历史人物的杰出代表，文天祥用一生诠释了什么是真正的节义，他在国家危难之际，挺身而出，散尽家财招募士卒抗元，展现出浓烈的爱国情怀，即使被元军俘虏，他也宁死不屈，直至从容就义。尤其在金兵占领建康时，以血书写"宁作赵氏鬼，不为他邦臣"，最终慷慨就义的杨邦乂等庐陵先贤，以其忠诚和节义之举万古流芳，他们同样值得后人铭记！

一、铁血丹心 浩气长存

岁月悠悠,千年转瞬即逝,欧阳珣、曾凤韶等庐陵先贤的传奇故事却如同不朽的史诗,永远镌刻在历史丰碑之上。他们在国家生死存亡的危急关头,挺身而出,以生命践行使命的伟大壮举,恰似一颗颗耀眼的星辰,成了中华民族精神宝库中璀璨夺目的瑰宝,震撼着世人的灵魂。

(一)危难之时的忠义浩歌

1118 年,37 岁的欧阳珣被荐入阁为观文殿大学士,他奉使至金谈割地议和事时,写下了《踏莎行·雁字成行》词寄予妻子,词句的字里行间充满悲愤之情:"雁字成行,角声悲送。无端又作长安梦。青衫小帽这回来,安仁两鬓秋霜重。孤馆灯残,小楼钟动。马蹄踏破前村冻。平生牵系为浮名,名垂万古知何用。"他感叹南飞的大雁与悲壮的角声,送我去与金人谈割地议和之事。这是青衫行酒、丧权辱国的事情,我像潘岳一样顿时愁白了双鬓。驿馆残灯,城楼钟鼓,催我踏冰前行。平生为浮名所累,即使得了万古声名,又有什么意义呢?忧国之心、人生感慨,还有万般的无奈一并写出,令人为之浩叹。

欧阳珣(1081—1127),字全美,今吉安县人。崇宁五年(1106)进士。任南安军司录,盐官县知县。

欧阳珣所处的时代,大宋王朝已然步入风雨如晦的艰难时期。外部环境犹如惊涛骇浪,辽与金等北方政权强势崛起,对大宋边疆虎视眈眈。靖

康元年（1126），金兵长驱直入，逼
近京都，胁迫宋朝割让中山（今河
北定州）、河间、太原三镇讲和。北
宋王朝畏金如虎，以白时中、李邦
彦为主的投降派力主求和的主张，
朝野上下一片混乱，可软弱昏庸的
皇帝最终还是打算割地买安宁，以
求短暂的喘息。

欧阳珣雕像

　　欧阳珣听到这个消息后十分震惊，立即联合李纲
等九位有识阁臣上书反对，书表之中爱国忧民之心拳
拳，陈述抗敌之策决心可鉴，他们疾呼"祖宗地当死
守，尺寸不可以与人"。可是，贪生怕死的求和派只想
割地自保。宋王室如此一心只想求和的状态，越发助长
了金兵的贪婪，使得局势更加危急。

　　几日后，金兵开始围攻都城，要挟割地。宋钦宗
召集朝廷百官，商议把绛州（今山西新绛）、磁州（今
河北磁县）、深州（今河北深州市）及两河（今山西
与河北中南部）割让给金国，以求平安。欧阳珣抑制

不住内心的怒火，只身站出来坚决抗议。他在分析了敌我双方的形势后指出，虏志不在地，吾兵食非不足，宜如澶渊故事，愿力战。战败而失地，他日我师取之直；不战而举以之，他日我师取之曲。虽是正义之言，但欧阳珣的一番话触怒了投降派，他们恨之入骨，暗自欲除之而后快。钦宗也无视他的意见，最终在投降派的蛊惑下选择屈服于金国，答应割地讲和。

动人奶酪，后患还远非于此。为消除异己，居心叵测的投降派们正秘密谋划，让坚决反对求和的欧阳珣去办理割地事宜。钦宗听闻后也正有此意，端坐在龙椅上假惺惺地抹泪相劝，并假借金国有要求要当朝忠臣前往谈判方能代表诚意。欧阳珣虽知这是卖国贼们借刀杀人，可君命不可违。

"吾不生还矣"。欧阳珣知道这一去必定不能复返，作了以死殉国的准备，临行之前，他与亲友依依惜别。远望南方的家乡，与亲人连告别的机会都没有，他的心中涌起无尽的愧疚。当欧阳珣一行人风餐露宿来到深州城下，他向守城的军民呼吁，朝廷为奸臣所误，我来此只有一死作罢，以效忠报国。你们要坚守阵地，不要轻信奸臣妄言……深州军民为监丞的满腔爱国精神所感动，坚决要声讨奸臣，纷纷誓死不降金国，以维护民族尊严。前来深州办理割地交接手续的金人，见欧阳珣根本就没有执行朝廷旨意的意思，便命人五花大绑将他捆住后押往燕山。在金营，欧阳珣依旧大骂不止，金兵恼羞成怒，对其施以百般拷打和酷刑折磨，早已将生死置之度外的欧阳珣没有丝毫畏惧，金兵痛恨之余找来油脂，浇在他身上，架起柴火垛点燃，年仅46岁的欧阳珣就这样被活活烧死。

时光流转，岁月更迭。欧阳珣虽已远去，但他的事迹在庐陵民间代代相传，激励着一代又一代的后人。欧阳守道在《欧阳监丞祠堂记》中说：欧阳珣的出使，"此时宰之命，非君父之命；此君父之命，非宗庙社稷之命也。臣受命于君，君受命于宗庙社稷"。短短 42 个字，诠释了欧阳珣舍身抗命守家园的民族忠诚和英勇气节，必将永载史册。

（二）刚正不阿的忠义英烈

元朝末年，权力的角逐在宫廷内外激烈上演，社会矛盾尖锐，各方势力盘根错节、相互倾轧，各地农民起义风起云涌。曾凤韶敏锐地察觉到朱元璋所率领的队伍纪律严明、志向远大，或许能终结这乱世纷争，给百姓带来安宁，于是，他毅然心向新政，决心为太平盛世的到来贡献自己的力量。

曾凤韶（1374—1402），字康和。今吉州区人。洪武三十年（1397）进士，官至监察御史。

自古英雄出少年。少年时期的曾凤韶，便展现出非凡的聪慧与坚毅，立志要在这动荡之世有所作为。在一次关键战役中，面对敌军的重重围困，曾凤韶冷静分析局势，提出奇袭敌军粮草大营的计策。此计一出，犹如神兵天降，成功打乱敌军部署，为己方军队赢得了宝贵的转机，最终取得了战役的胜利。由此，他的英勇和智慧引起了朱元璋的注意。考中进士后，曾凤韶被任命为监察御史。他不顾权贵的威胁与利诱，铁面无私地弹劾违法乱纪的官员，整顿官场风气，许多不良现象得到有效遏制。可是，命运的轨迹总是充满戏剧性，靖康之难爆发，燕王朱棣起兵反抗建文帝朱允炆，局势急转直下，岌岌可危。在这风雨飘摇的时刻，许多人在恐惧与私利的驱使下，选择了明哲保身，为求自保而随波逐流。

曾凤韶目睹了奸佞小人在朝堂上横行无忌，忠良之士惨遭陷害的状况，心中燃起了愤怒与正义的熊熊怒火。曾凤韶认为朱棣的行为是对正统皇权的挑战，违背了纲常伦理，他站在了建文帝一方，尽管每一步都可能面临生死考验，但他毫不退缩，毅然决然地挺身而出，以无畏的勇气和坚定的信念，向邪恶势力发起了顽强的挑战。朝堂之上，曾凤韶慷慨陈词，言辞犀利，每一次激烈的辩论都据理力争，直击奸佞的要害。

可惜，曾凤韶的一己之力终究回天乏术。当朱棣的军队逼近京城之时，曾凤韶心中满是悲愤与无奈。奸佞们为了保住自己的权势，对他展开了疯狂的报复，不择手段地诬陷、排挤曾凤韶，使他逐渐陷入了孤立无援的绝境。但即便如此，曾凤韶依然初心不改，从未放弃对正义的坚守，不为强权所屈，更不愿背叛自己一直坚守的忠义之道。城破之日，曾凤韶决定用生命来捍卫自己的尊严和心中的信仰。在生命的最后时刻，他身着朝服回到家中，将家人召集在一起："吾食君禄，当以死报之。今日国难当头，我绝不能苟且偷生。"家人悲痛欲绝，苦苦哀求他另寻出路，但曾凤韶去意已决，嘱妻李氏、子公望："勿易我衣，即以此殓。"遂自刎而亡，时年29岁。他终以生命捍卫了自己的忠义之名。

庐陵先贤曾凤韶危难赴命的事迹，宛如一座不朽的丰碑，永远屹立在历史的长河之中。它时刻警醒着我们，无论时代如何变迁，正义与良知永远是指引我们前行的灯塔。

二、正气凛然　千古流芳

庐陵先贤在危难时刻正气凛然，不惜赴命。他们的家国情怀令人动容，在国家面临生死存亡的关键时刻，还是他们毫不犹豫地将个人生死置之度外，全身心投入保家卫国的斗争中，使庐陵的丹心节义之气在史册中闪耀千古。

（一）正气千秋的壮烈绝响

南宋末年，风雨飘摇，山河破碎。元军如汹涌恶浪，不断冲击着摇摇欲坠的大宋江山。在这乱世之中，有一人挺身而出，他明知前方是九死一生的险境，但为了保卫国家和民族，毅然决然地踏上这条充满血雨腥风的保家卫国之路，他便是文天祥。

文天祥（1236—1283），初名云孙，字宋瑞，又字履善。自号浮休道人、文山，今青原区人，南宋末年政治家、文学家，官至右丞相兼枢密使。

1275 年，元军势如破竹，一路南下。南宋朝廷惊慌失措，各地告急文书如雪片般飞来。此时，身为赣州知州的文天祥，听闻朝廷发布勤王诏书，毫不犹豫地散尽家财，招募乡勇，组建义军。友人劝他不要以卵击

文天祥画像

石，但他坚定"应以死报国"的信念，即便前方是刀山火海，也无法阻挡他的爱国之心。

一路上，文天祥带着这支临时拼凑，却都怀着对国家的忠诚和对侵略者愤恨的队伍。将士们虽与训练有素、装备精良的元军比较起来力量悬殊，但文天祥从未想过退缩，一心要为大宋拼尽全力。在与元军的多次交锋中，勤王之军虽敌不过元军的强大兵力，却凭借着卓越的军事才能和顽强斗志，多次重创元军，让元军刮目相看。可惜在关键时刻，文天祥的队伍不仅没得到朝廷的支持，反而处处受到掣肘。最终，临安城沦陷，宋恭帝被俘，南宋皇室被迫流亡。

国破家亡之际，文天祥坚持辗转多地继续组织抗元斗争。德祐二年（1276）五月初一，文天祥担任枢密使兼都督诸路军马。端宗景炎二年（1277）初，元军进逼汀州，文天祥的队伍在广东

吉安县文天祥纪念馆

梅州经过短暂的整顿修编后，挥师席卷赣南，收复了大片土地。农历端阳节前后，文天祥的妹夫、永新人彭震龙揭竿而起，聚集抗元义军数千人攻克永新城。六月下旬，元廷派大队兵马进攻永新，守城的彭震龙率义军与之血战，终因寡不敌众，彭震龙等众多义军将领遇难。攻破永新的元兵进行了惨无人道的屠城，3000余名由龙、刘、左、谭、张、颜、吴、段八姓豪杰及其族人组成的义军无一人屈膝投降，他们被围困在皂旗山上，山下有一深潭，得知突围无望，又不欲以颈血染敌刃，义军将士纷纷抱石沉潭。后来人们建祠祭祀这些烈士，称此潭为忠义潭。

　　1278年，文天祥不幸兵败被俘。元军将领张弘范对他十分敬重，试图劝降，并以高官厚禄相诱，劝降道，如今大宋已亡，您又何苦执着？只要您归降大元，必定荣华富贵享之不尽。文天祥听后回道：我乃大宋臣子，食君之禄，忠君之事。国虽亡，我心

不死！宁死也不会背叛自己的国家和民族！张弘范仍不死心，继续劝说，文天祥冷笑回应：我生为大宋人，死为大宋鬼。头可断，血可流，气节不可丢！张弘范见劝降无果，便将文天祥押往北方。途中，文天祥望着破碎的山河，心中悲痛万分，写下了许多慷慨激昂的诗篇。其中"人生自古谁无死？留取丹心照汗青。"成为千古绝唱。到达燕京后，元朝统治者忽必烈亲自召见并劝降文天祥，甚至利用柳娘、环娘（文天祥和妻子欧阳夫人共育的二子六女中仅存的二女），以骨肉亲情软化、威逼利诱文天祥也无济于事。在被囚禁的三年时间里，他受尽折磨，但那颗坚定的心从未动摇，并写下了著名的《正气歌》，以天地间的浩然正气自勉……

1283年1月9日，忽必烈见文天祥宁死不降，只好下令将其处死。在刑场上，文天祥问明了南方的方向，向着家乡跪拜行礼。他知道，那里是他深爱的故国南宋，是他一生为之奋斗的地方。随后，文天祥站起身来，对刽子手说："我事已毕，可以动手了。"言罢，从容就义，终年47岁。

文天祥虽然离去了，但他的精神却永远活在人们心中。后世记住了他在面对困难和诱惑时，坚守自己的原则和底线，为了正义和理想不惜牺牲一切的精神；他的正气之歌，穿越历史的长河，至今仍在中华大地回荡，永不停息。

（二）侠骨柔肠的碧血丹心

在浩渺烟云的历史中，总有一些身影熠熠生辉，震撼着后人的心灵。刘淑英，就是一位以丹心节义彪炳史册的庐陵奇女子，她的人生宛如一幅气势磅礴的长卷，承载着家国情怀与壮志豪情，在时光长河中散发着永恒的魅力，引来后世的无尽追思与敬仰。

刘淑英（1620—1657），字本屏，安福县人。抗清战斗中侠肝义胆的巾帼女杰，进士刘铎之女。她目睹明朝任刑部主事的父亲刘铎被阉党魏忠贤陷害、下狱受刑的惨状，被父亲铮铮不屈、视死如归的气概所感动。

刘淑英生活在一个王朝更迭、战火纷飞的年代，社会的秩序被无情打破，百姓在水深火热中挣扎求生。在那个女子无才便是德的传统观念盛行的时代，刘淑英却自幼受到良好的家庭教育，家中丰富的藏书和长辈们对知识的尊崇，为她打开了一扇通往广阔世界的大门。她沉浸在经史子集之中，诗词歌赋信手拈来，才情不仅让周围的女子们羡慕不已，就连许多饱读诗书的男子也为之赞叹。刘淑英的志向远不止于成为一名才情出众的女诗人，她心怀天下，对国家的命运和百姓的疾苦有着深切的关怀。当看到山河破碎，百姓流离失所，她那颗热切跳动的心再也无法平复。她毅然决定走出深闺，投身到拯救国家和民族的洪流之中。

为了实现自己的抱负，刘淑英付出了常人难以想象的努力。她刻苦研读兵法谋略，勤练武艺。随着局势的日益严峻，刘淑英意识到仅凭个人的力量远远不够，必须团结更多的人共同抗敌，于是，她凭借自己的威望和号召力，卖掉首饰，散尽家财，招募安福一带的义士，和志同道合且来自不同阶层的人们，组建了一支上千人的义军起兵抗清。

战斗中，刘淑英身先士卒，冲锋陷阵，如同战场上的一面旗帜，鼓舞着将士们的士气。刘淑英还积极参与各种抗清活动，利用自己的人脉和影响力，为抗清事业筹集资金、物资，传递情报。她的家成了抗清志士的秘密联络点，许多重要的决策和计划都在这里诞生。

然而，历史的车轮无情地碾碎了她一个又一个梦想，清兵南侵后，随着抗清斗争的逐渐失败，她陷入了深深的痛苦和无奈之中。但即便如此，她依然坚守气节，拒不向清朝统治者屈服。刘淑英怀着对丈夫王蔼捐躯战场的悲痛回到家乡，召集起那支充满战斗力的队伍准备起兵抗清，可是总兵张先璧却逗留在永新不行动，刘淑英率部前去劝说，张先璧不仅不谈合作抗清之事，还厚颜无耻地提出要娶她为妻。刘淑英勃然大怒，拔剑追杀，吓得张先璧绕柱躲闪，脱险后扣押了刘淑英，还吞并了她的部队。后来被释放的刘淑英到处寻求支持者，盼望再举义旗，但最终未能改变朝代更迭的命运，在经历了无数的磨难和挫折后，刘淑英无奈归乡隐居，最终选择了出家为尼，遁入空门，在青灯古佛旁度过余生。表面上，她似乎放下了世间的一切纷争，但内心深处，那份对国家和民族的热爱之情从未停息，写下了大量忧国忧民、悲壮豪迈的诗文。

当我们回首历史，凝视刘淑英那坚定而又充满智慧的目光时，她的精神依然具有深刻的现实意义。我们仿佛能穿越时空，感受到她那颗炽热爱国之心的跳动。

三、凛凛英魂　威武不屈

庐陵古意盎然的古村阡陌间，承载着岁月的痕迹；老旧的屋檐下，回响着老人们娓娓道来的故事。那些故事，裹挟着历史的沧桑与厚重，跨越悠悠时空，如同一扇时光之门，将人们引入那个风云诡谲、山河动荡的时代，深深触动着我们的灵魂。

（一）生命铸就的壮丽史诗

南京雨花台附近，曾经有个老地名叫做土门冈，宋代设有驿铺、土门铺。明代南城兵马司设于此，故又名兵马司冈、南城冈，这里就是"杨忠襄公剖心处"的原址。

时光倒流到 1085 年，司马光编撰完成了鸿篇巨制《资治通鉴》，也就在这一年，一个叫杨邦乂的小生命诞生了。谁也没有想到，这个不起眼的庐陵小男孩，日后会成为抗金名臣，名垂千古。

杨邦乂（1085—1129），字晞稷，吉水县人。政和五年（1115）进士。曾任溧阳知县。

在金庸的武侠小说《射雕英雄传》中，有一位英雄人物杨铁心，就是

杨邦乂雕像

以杨邦乂为原型塑造的。由此可见，杨邦乂的英雄事迹感动了多少人，他的正直坦荡、刚正不阿也为世人皆知。

　　杨邦乂出身儒学世家，曾祖父、父亲均为进士，言行每以古人自励。以至乡里人称誉他德行循于家，称于乡，信于友。在杨邦乂任职十五年中，正值金兵入侵，中原多事之秋，徽、钦二帝被俘，而建康府兵又于建炎元年（1127）叛乱。时任溧阳知县的杨邦乂，在县内"除苛政，重教化，均征徭"，并训民为兵，整肃治安，以至"在任三年，盗不入境"，县人"惟恐其去，倾邑请留"，足见其深受人们热爱的程度。

　　建炎三年（1129）9月，也就是欧阳珣为国殉难三年后的金秋，临安府人头攒动，人们趁着秋高气爽的天气纷纷出游，文人墨客聚集在西湖畔吟诗作赋，街头商贩的叫卖声既有南宋中原话，又夹杂着吴越本地方言的

杨邦乂故里吉水县云庄村

腔调，一派春和景明的气象。可是好景不长，自1123年金太祖完颜阿骨打去世，其弟完颜吴乞买（完颜晟）继位，庙号金太宗，他在消灭辽国后，就有南下消灭大宋帝国之意，于是以宋廷收留平州之变中的辽将张觉违反宋金前议为由，于1125年发动侵宋之战。他派勃极烈完颜斜也（完颜杲）为都元帅，分兵两路从山西、河北南下。高宗赵构见势不妙，丢下刚刚定都的临安，向东逃亡，使得临安城陷入了新的困境。

夺下了临安城的金兵，借着势头直逼长江，锋芒又指向建康（今南京），杨邦乂临危受命，任建康军府通判兼提领沿江措置使司以迎来敌。11月份，金兵再次进攻，乘胜占领了建康南边的屏障铁佛市。宋军大将杜充吓得胆战心惊，趁夜将军队撤离建康逃往真州。杨邦乂见主力部队逃走，率残兵与民众据守孤城，终因孤立无援，城破人俘。贪生之徒户部尚书李悦、知府陈邦光向金兵统帅金兀术投降。杨邦乂斩钉截铁地说，宁可杀身，决不投降。金兀术见此刚烈之士，也产生了几分敬意，亲自劝降，以显金国之威，收宋人之心。劝说无果后，金兀术找来杨邦乂的老部下、老朋友去规劝，企图以念亲之情来动摇信念。杨邦乂厉言答道，亲情难割，但人心更不可夺，我唯有以死谢国。金兀术又亲自出马，要降臣陈邦光以议事之名宴请杨邦乂。杨邦乂坚拒不往，金兵扶他强行入席，并许以高官厚禄降金。杨邦乂喝道："我绝不苟且偷生，死都不怕，利诱岂能动我的心。"说着便向柱子上撞去，一时血流满面，昏迷过去。在牢房里，杨邦乂暗自咬破手指写下血字："宁作赵氏鬼，不作他邦臣。"金兀术见劝降无望，终下杀心。临刑前，金兀术决定再劝他一次。杨邦乂仍不为所动，脱去衣服，露出内衣的血字，金兀术惊骇不已，命刽子手残忍地割掉杨邦乂的舌头，剖开他的胸膛，剜去心脏。

杨邦乂的威武不屈，绝非孤立的个人壮举，而是庐陵文化深厚底蕴与精神内核的生动彰显，是庐陵文化培育出的一朵璀璨奇葩，他的精神犹如一盏永不熄灭的明灯，照亮了一代又一代庐陵人的奋进之路。

（二）以笔为剑的正义坚守

明建文四年（1402），有一位因威武不屈而被杀害的庐陵籍御史大夫，他就是练子宁。狱中的他，每日以笔为剑，抒发心中的悲愤与豪情。那些狱中写下的文字，字里行间都流淌着他对家国的眷恋，对正义的坚守。

练子宁（1350—1402），字以行，今峡江县人。榜眼出身，曾任吏部侍郎。

明朝初期，政治风云变幻莫测。练子宁凭借着卓越的学识与才华，踏上了仕途。朝堂之上，他目光如炬，心怀天下，直言敢谏，从不畏惧权贵的威严。他深知，为官者当以百姓福祉为念，以国家社稷为重。面对朝廷的种种弊端，他毫不退缩，一次次地挺身而出，用激昂的言辞和犀利的笔触，剖析时弊，提出革新之策。

然而，命运的齿轮在一场残酷的权力斗争中无情地转动。话说当初由于藩王的地位特殊，实力迅速膨胀，面对诸王的巨大威胁，年轻的明惠帝和他的亲信大臣齐泰、黄子澄展开了削藩运动。在北平（今北京）蓄积起力量的燕王朱棣深感对自己不利，以清君侧的名义发难，实则觊觎皇帝宝座。建文二年（1400）举兵南下，三年鏖战之后，朱棣攻克南京，史称靖康之难。这场战争，改写了明朝的历史走向，也将练子宁推向了命运的深渊。当朱棣攻破南京城之时，朝堂上下一片慌乱，许多人在权力的威慑

练子宁画像

下，纷纷选择屈膝投降，以求自保。练子宁察觉到大将军李景隆有通敌之嫌，遂上疏细数李景隆之罪，奏请治以死罪。此忠君之言，却未被采纳，反遭惠帝斥责。他愤激叩首，说，坏陛下事者，必此贼也！臣作为执法官吏，不能为朝廷除去卖国奸臣，论罪当死。既然陛下赦免李景隆，必不赦免臣之罪，请先将微臣杀死，以谢天下。练子宁当朝以死相谏，宗人府经历宋征、御史叶希贤等皆上疏，历数李景隆出师无纪，损兵折将，且怀有二心，当诛。但惠帝就是听不进去。

建文三年（1401），燕王朱棣叛兵逼京，皇上召廷臣议大计。练子宁义正词严说："国事至此，尚不能容直言者，有何国也！"建文四年（1402）四月二十日，朝廷下诏天下救援京师，派遣御史大夫练子宁、侍郎黄观、修撰王叔英分道征兵。练子宁旋即出走临安，招募军士，以兵抗叛。后因势单力薄，练子宁终被朱棣捕捉。同年六月十三日，李景隆开门迎燕王入京，建文帝逃跑，朱棣登上皇位，大封功臣，凡不服者皆处死。练子宁被绑缚上朝，朱棣妄图借助练子宁的威望来稳定局势，于是召见了他。宫殿之中，气氛压抑而凝重。朱棣坐在高高的龙椅之上，目光审视着眼前这位倔强的前帝臣子。练子宁昂首挺胸，神色坦然，毫无惧色。朱棣试图劝他归降，许以高官厚禄，但练子宁却言辞激烈地痛斥朱棣的篡位行径，称其为乱臣贼子。他大义凛然，燕王恼羞成怒，命人将练子宁的舌头割去。燕王说："我欲效周公辅成王。"练子宁闻言，用手伸进口里蘸着舌血，在殿砖上大书："成王安在？"燕王大怒，当场将其枭首，株连九族，亲属被杀151人，充军戍边371人。练家村480余户惨遭祸害，无一幸免。

如今，当我们回溯这段历史，仿佛仍能看到练子宁那挺拔的身姿，听到他慷慨激昂的言辞，他的精神指引我们在人生的道路上奋勇前行，书写属于我们这一代人的辉煌篇章。

四、以身殉国　忠孝大节

在历史长河中，庐陵宛如一座孕育英雄的摇篮，英杰俊才纷涌而出，他们以滚烫的热血，书写着对国家的忠诚与对民族的担当，用生命铸就了一座巍峨丰碑，共同谱写了一幅震撼心灵、气吞山河的壮丽篇章。

（一）敢作敢当的仗义执言

李邦华（1574—1644），字孟闇，吉水县人。万历三十二年（1604）

进士。官至南京兵部尚书。谥忠肃。

小时候的李邦华家里比较贫困，有一次村里来了个挑担的货郎，摇着拨浪鼓叫唤着鸡毛换糖，小小的李邦华看着小伙伴们都拿着家里的破铜烂铁换来了美食，他也跑回家在母亲的针线盒里找到了一枚顶针换回了麦芽糖。母亲发现后，拉着李邦华去找货郎，脱下他的衣服向货郎换麦芽糖，李邦华不解地望着母亲说道，我的衣服换麦芽糖了我穿什么呀？母亲说那你把我的顶针换走了，今后我怎么缝补衣服？李邦华瞬间明白了母亲的一片苦心，从此励志发奋苦读，感恩双亲的哺育之恩。

家人发现李邦华聪明好学，于是将小小年纪的他送到了大儒邹元标的门下求学。李邦华不负家人的期望，万历三十一年（1603），29 岁的他与父亲李廷谏一同通过乡试。次年，李邦华考中进士，被任命为泾县知县，为了省钱为民办事，即使做了知县的他还节衣缩食，经常穿着打补丁的衣服出入官府。他遍访民间疾苦，后因政绩显著而声名鹊起，乡民们很喜欢这位亲民的县令。为官期间，他也经常仗义执言，因此得罪了不少的官吏。有一次，他发现朝中官员对顾宪成多有非议，明眼人一看就知道这是麻烦事，即便与他有交情的人也敬而远之。但和这件事儿没半毛钱关系的李邦华却站出来，挺身而出为顾宪成辩解，以至于后来当做东林党人被弹劾，不仅丢掉了本来属于自己的御史官位，还殃及与他同乡，同时又和他有师徒情谊的邹元标，被定为东林党党魁，受到严重的迫害。李邦华这才知道了问题的严重性，极力想挽回局面，四处找人出面为老师辩解，可惜为时已晚，最终不仅自己被流放，父亲也为此丢了官。

万历四十五年（1617），即李邦华因病回到故乡的第二年，他本想借着这难得的机会与父母亲多多团聚，以尽孝心，谁知朝廷又派他出任山东参议，后升任光禄少卿，为右佥都御史，巡抚天津。崇祯十二年（1639）四月，他担任兵部尚书。

崇祯十五年（1642）冬，这是一个异常寒冷的冬天，在凛冽的寒风中，明王朝内忧外患。此时的李邦华刚刚接替刘宗周左都御史的职位，他立即上书，请求让自己率领东南地区的援兵去保卫京城。此时的他身体多病，为了江山社稷，他拖着病体带着人马艰难地向东南方向进发，直到第二年的三月才抵达九江。当时左良玉的几十万残兵败将声言缺饷，要去南京运国库银过来，大小船只蔽江东下。文武大吏你看着我，我看着你，不知如何是好。李邦华叹气说："原本安宁的国土，现在只剩下东南这个角落了。我身为大臣，怎么忍心看到内部决裂却袖手旁观而离开这个地方呢？"于是起草一篇檄文给左良玉，责以大义。左良玉自知理亏，李邦华就使用见机行事的特殊权限，把九江的库银拨出15万两给左良玉当军饷，又来到将士中开诚布公地进行了慰劳，才感动了这支部队并安定下来。崇祯帝听说后非常高兴，召见李邦华并进行了嘉奖。

崇祯十七年（1644）二月，李自成在这梨花盛开，李花煞白的季节攻下了山西。李邦华秘密上书请求崇祯固守京师，让太子到南京监国。多日没有得到回信，又上书请求把定王、永王分封到太平、宁国二府，拱护两京。崇祯看信后心动，绕着大殿而行，边读边感叹，准备按李邦华所说的实行。正好崇祯召见群臣，中允李明睿上书请求南迁，光时亨为了反对他的建议，故意泄露消息。迫于大臣反对的压力，崇祯说："国君死社稷，是我的分内事，我的志向定了。"于是拒绝考虑李邦华的办法。不多日，李自成兵临都城，李邦华立即到内阁去商量国事。魏藻德信口答复他说："暂且等等看吧。"李邦华无奈地叹了口气退了出来。后来，李邦华带着御史们登城参战，一群宦官挡住他们，不让上去。十八日，外城失守，李邦华来到文天祥祠，这一夜他想了很多。第二天，内城也失守了，李邦华对着文天祥的木主拜了三拜，"邦华死于国难，请让我跟随先生到地下去吧！"说完写下绝命诗："堂堂丈夫兮圣贤为徒，忠孝大节兮誓死靡渝，临危受命兮吾无愧吾。"遂上吊自尽，殉节明志。

李邦华一生仕途十分坎坷，罢官起复循环了很多次。其间不是没有人劝，可他就是性格使然，不畏惧权贵，一心只想保卫京师，爱抚百姓，才招致奸臣排挤迫害。在他投缳而绝不久，朝廷追赠他为太保、吏部尚书，谥号忠文。清初时，又赐谥忠肃，以表彰其忠贞不渝的品质。

今天，吉水县城老街下还有一座清代建的旌忠祠，风雨中数百年，如今仍是吉水县城祭祀李邦华的场所。现在的旌忠祠，展陈了李邦华一生的事迹，成为李邦华纪念馆。

（二）慷慨赴难的忠孝大节

刘同升（1587—1646），字晋卿，又字孝则。吉水县人。崇祯十年（1637）状元。授翰林院修撰。官至国子监祭酒。

自小聪颖的刘同升生不逢时，因国家动荡科举受阻，51岁时才获丁丑科状元，可谓大器晚成。但他不仅文才出众，还兼通武略，一生对明朝忠心耿耿。清军南下，刘同升决心与志同道合者共赴国难，反清复明。

明朝灭亡后，他投靠明唐王，举起反清复明的大旗，从赣州起兵，一路收复吉安、临江等地。

刘同升的父亲刘应秋，探花出身，与大剧作家汤显祖是同年进士，两人曾同朝为官，意气相投，不久，两人结成了儿女亲家，汤显祖把小女儿詹秀许给了刘同升。谁知人有旦夕祸福，汤显祖的爱女詹秀年少病故，未能与刘同升喜结连理，但刘同升仍视汤显祖为岳父，至死未改。刘同升一生苦读，师事邹元标，潜心研究王守仁的心学，直至51岁高中状元才始做京官。

明崇祯十一年（1638），天下局势波谲云诡。内有李自成、张献忠等农民军起义风起云涌，搅得中原大地不得安宁；外有后金军队虎视眈眈，屡屡犯边，大明江山摇摇欲坠。就在这风雨飘摇之际，一场围绕着"杨嗣昌夺情入阁"的风波在朝堂之上掀起了惊涛骇浪。杨嗣昌本是崇祯帝极为赏识的能臣，他博闻强识，对边防、军事诸多事务都有着独到见解。崇祯帝一心想要力挽狂澜，对杨嗣昌寄予厚望，有意让其入阁辅政，以应对内外交困的危局。然而命运似乎总爱捉弄人，在这关键时刻，杨嗣昌父亲病故的消息传来。按照传统礼教，官员父母去世需守孝三年，称为丁忧。这本是天经地义之事，可崇祯帝实在舍不得放走杨嗣昌这个得力助手，于是提出让杨嗣昌"夺情"，即不回家守孝，继续留在朝廷任职。此令一出，朝堂瞬间炸开了锅。一些大臣坚决反对，认为祖宗成法不可违背。许多官员纷纷上书弹劾杨嗣昌，民间也议论纷纷，指责他不顾人伦道德，可这都无法改变崇祯帝的决定。忍无可忍的刘同升此时站在了崇祯帝的对立面，以我不入地狱谁入地狱的气概，上疏弹劾杨嗣昌。

这一番操作下来，刘同升彻底触怒了崇祯帝，被贬为福建按察司知事，其离京赴任之日，许多京城缙绅争相送别。

彼时的大明王朝已深陷内忧外患的泥沼，面对山河破碎，刘同升早将个人生死置之度外，他再次挺身而出，在朝堂之上呼吁众人摒弃私利，团结一心抵御外敌。1639年，刘同升主动请缨前往前线督战。在一次与清军的激烈交锋中，明军一度陷入困境，部分将领萌生退意。刘同升手持长剑，站在阵前大声疾呼："吾等食君之禄，当以死报国！今日若退，家国何存？"他的话语激励着士兵们奋勇向前，最终成功击退清军，稳住了防线。1641年，国内灾荒严重，百姓流离失所，多地爆发农民起义。刘同升深知百姓疾苦才是社会动荡的根源，于是他极力向朝廷建议开仓放粮，赈济灾民，并严惩那些趁机哄抬物价、搜刮民脂民膏的奸商和贪官污吏，黎民百姓对他感恩戴德。

1643年，经朝廷大员屡次荐举，崇祯皇帝正待重用刘同升，可还没来得及宣布，崇祯帝就因京师沦陷吊死于煤山。同年五月，福王朱由崧在南京称帝，以原职召回刘同升入朝共商国是，但刘同升不肯前往。第二年五月，南京失陷，福王被俘，刘同升携家人前往福建投靠唐王朱聿键。安顿好妻儿后，刘同升在雩都（今江西于都）遇上原兵部职方主事杨廷麟，二人决定一同招募士卒，分两路起兵抗清。杨廷麟向赣州方向进发，刘同升暂守雩都，被唐王封为国子监祭酒。不久，刘同升带着病弱的身体，又携全家入赣州，与杨廷麟一起筹措军饷，偕同巡抚李永茂创立忠诚社，集合三万多人宣誓起兵，沿赣江统兵北上，不久收复万安等地。在吉安又与清兵打了一场恶仗，取得胜利，向北推进后还收复临江等地，唐王又提携刘同升为詹事府詹事兼兵部左侍郎。这时，刘同升久病不愈，体弱不支。1646 年 12 月，在这个大雪纷飞的季节，风烛残年的刘同升终究没有熬到来年的春天，终因劳累过度，积劳成疾死于赣州，享年 59 岁。他带着对家人的眷恋、对人民的愧疚和对无以改变局势的遗憾挥别人世，封庐陵伯，赠东阁大学士，谥文忠。

刘同升一生以忠孝闻名，内心始终有一种以皇权为正统的思想，这激励并影响着他的一生。他生活于明末大动荡时代，纵然集文才武略于一身，可惜生不逢时，出仕已晚，无力回天。甚至在去世前夕，身患重病的刘同升仍然坚持每天与士大夫宣讲忠孝大节，激励将士们的反清斗志，闻者无不兴奋。刘同升还是明末有名的爱国诗人，他的《锦麟诗集》18 卷至今仍流传。他的 300 多首咏史诗中，大部分歌颂苏武、颜真卿、文天祥、陆秀夫这些具有民族气节的历史人物，他把这些历史人物当做自己努力的榜样，这些诗篇也将影响着一代代后学。

庐陵大地宛如人才的摇篮，孕育出无数杰出的人物。深受儒家思想熏陶的庐陵先贤，始终以国家和民族的利益为重，他们的丹心节义，影响着一代又一代的庐陵人。他们以非凡的智慧、高尚的品德和无畏的勇气，以慷慨激昂的身姿，诠释着家国大义与担当精神，成为庐陵文化中熠熠生辉的篇章，在时代的舞台上留下浓墨重彩的一笔。

当国家面临外族入侵、处于危难关头，庐陵先贤们面对艰难险阻和强大的敌人，以挽救社稷为己任，舍家为国，献身为民，忠烈之气贯九天，他们是坚守民族气节的典范。以文天祥为代表的庐陵先贤，之所以被不同时代、不同地区甚至不同肤色的人所敬仰、传颂，就是因为他们虽处国破家亡之世，却有独力擎天、毁家救国难的气魄，以屡遭罢官而不气馁、三年被囚而不屈的气节，以"人生自古谁无死，留取丹心照汗青"的人格风范，耸立起一座世代敬仰的民族精神丰碑。

丹心节义、耿直守正、宁折不弯，是庐陵人的重要性格特征。这一性格成就了庐陵众多刚烈节义之士，只要他们认定是正道大义，就能面对强权不低头，就敢于指陈时弊、冒死犯颜直谏而不计个人生死存亡。庐陵的历代贤达，心怀家国天下，这种刚直不屈的品格和硬骨头气魄，是庐陵人可贵人格精神的重要支柱。当国家深陷危难之际，庐陵人毅然决然地挺身而出，毫不犹疑地将个人生死置之度外，以慷慨赴死的决绝姿态，谱写了一曲曲以身殉国的激昂悲歌。

文天祥雕像

　　宋代欧阳珣拒不割地，以身殉国。明代邹元标是一名忠节义士，一直忠言直谏，多次被贬谪，在吉水、吉安甚至江西至今流传着"割不尽的韭菜苑，打不死的邹元标"的民谣，为世人所称道。明代周忱爱民如子，厘奸革弊，抑制豪右，进行了一些有益于社会生产的赋役改革，闻名江浙农村，至今还有纪念他的生祠，在他的居地吉州区长塘镇也建了周忱纪念馆，供后人瞻仰。此外，庐陵人深受儒家思想影响，坚守人品的气节，重视个人修为。北宋时期吉安第一位状元何昌言在自家府第门前石碑上刻有"省一分，民受赐一分；要一钱，便不值一钱"的对联，向世人宣告为政爱民、清正廉洁的人生信条。庐陵宋代第一位宰相永新人刘沆，长期担任地方主官和工部、刑部尚书等要职，位高权重却一生清廉，并在主政期间坚决打击任人唯亲的旧弊，在著名的《中书三弊奏》中奏请仁宗倡导用人唯贤，要求官员在保荐、考察、安排上不准推荐身边的人，并首先从自身做起，拒绝别人举荐自己儿子为官。清代新干人王言坚守为官底线，家徒四壁，依然勤政惠民，执法如山，严惩贪腐，成就了清官之誉，流芳百世，足为世人瞻仰。

———————————————————•———————————————————

　　庐陵先贤丹心节义的风骨，恰似夜空中最为璀璨的星辰，熠熠生辉，穿透岁月的重重迷雾，照亮了历史的浩渺苍穹。这份始终坚守丹心节义的伟大精神力量，跨越时空的界限，如同一座永不熄灭的灯塔，激励着一代又一代的后人，义无反顾地为国家的繁荣昌盛、民族的伟大复兴奉献出自己的一切。

　　跨越时空，在新民主主义革命时期，庐陵人丹心节义的风骨濡染了伟大的井冈山精神。在国家民族危难时，无数庐陵儿女为了民族大义，以解放全中国为己任，坚定共产主义信念，始终听党话、感党恩、跟党走，勇于牺牲，以血肉之躯护卫"星星之火"形成"燎原之势"，最终取得革命胜利。

　　在和平环境中，庐陵儿女又把忧国忧民的精神转化为助推国家繁荣昌盛的强大动力，积极投身国家和人民福祉的建设中，纵使千辛万苦，仍然义无反顾、初心不忘。当前，我们正处在强国建设、民族复兴的新征程上，丹心节义也有了新的内涵与要求。弘扬庐陵先贤丹心节义的精神，其核心就是珍惜中国人民用血泪寻找到的理论和道路，忠诚于共产主义信仰，忠诚于中国特色社会主义道路，旗帜鲜明拥护党的领导；就是不忘初心、继续前进，始终把个人命运与国家兴衰紧密联系在一起。

第三章

勤政廉明

> 勤者，政之要也；廉者，政之本也；其智而明者，所伏必众。作为中华优秀传统文化重要组成部分的庐陵文化，其勤政廉明观念源远流长。庐陵文化的核心要义是"文章节义"，勤政廉明观即属于节义的范畴，为其底色。具体而言，勤奋俭朴的美德是它的坚实基础，向上向善的抱负是它的动力源泉，公道严明的准则是它的永恒理念，涵盖了廉、勤、恕、明、俭等价值标准。应当说，庐陵文化中的勤政廉明观早已融入历代庐陵人的思想道义和行为规范，沉淀为生生不息的立身之本、为人之道和处事之基。

中国传统文化中的勤政廉明观源远流长。溯追以往，商朝时盘庚就反复告诫百官："无傲从康""无戏怠"，认为勤政的首要问题是"无逸"，不能贪图安逸或者沉湎于玩乐而怠废公务。我国第一部汇编古代文化的典籍《尚书》中有"简廉"之德的表述。《周礼》则载："一曰廉善，二曰廉能，三曰廉敬，四曰廉正，五曰廉法，六曰廉辩"，六种优良品质，无不以廉作为根本。《孟子》中亦有"可以取，可以无取，取伤廉"的道德评价，可见古人极其重视勤政廉明之德，推崇能干事、会干事、干成事、不出事的评判标准。

文化是一个民族的灵魂，是一个地方的根脉所在，是老百姓共同的精神追求。庐陵文化千百年来生生不息，原因就在于其深厚的人文思想和高尚的道德品质。历代先贤自觉以勤政廉明观作为修身之本，恪守为政之道，坚持以德正心、以公存心、以廉润心，这种精神一直影响到现代，使得井冈山的星星之火燎原于全中国。党中央提出，将马克思主义基本原理同中华优秀传统文化相结合，对吉安人而言，还要同本地的庐陵文化相结合。

一、以廉为镜，一身正气

习近平总书记多次以鱼和熊掌不可兼得的道理告诫我们："当官发财两条道，当官就不要发财，发财就不要当官。"这不只是为官者的一种基本遵循，更是法治社会的必然要求。试想，一个吏治腐败、处事不公正的社会，势必造成民怨沸腾、政事怠荒的局面，最终丧失政权。所以我们要做到清正廉洁，就是要清清白白做人，干干净净做事，坦坦荡荡为官。

（一）细微处最见精神

中国古代四大贤母之一的东晋时的陶母，其教子事迹影响深远。陶母湛氏（243—318），新干县人。东晋名将陶侃的母亲，隐逸诗人陶渊明的高祖母。

陶侃母亲湛氏"教子惜阴""截发易肴"的故事给世人留下深刻的印

象，以致鄱阳孝廉名士范逵感叹说："非此母，不生此子。"陶侃长大成人，经地方官举荐，第一次赴外地做官。离家时，湛氏把陶侃叫到跟前，递给他一个事先准备好的包袱，让他带往任职地。陶侃到达官衙后打开包袱一看，只见包袱里有一块土坯、一只土碗和一块白色的土布。他先是一怔，过了一阵子才悟出母亲此举背后的深意。原来母亲是教导儿子要做一名清廉之官，包袱里"三土"的寓意是：无论身在何地，看见它就要想到家乡故土，切不可贪念荣华富贵，要以良好的德行为家乡争光。陶母送子"三土"的故事，可谓是系好廉洁从政"第一粒扣子"的榜样，深深打动陶侃的心。

过了几年，陶侃改任渔梁县吏，主管渔政事务。某天，正好有一位官差同事前往母亲居住地出差。陶侃念及母亲一直贫居于乡间，生活较为清苦，于是从仓库拿一坛腌制好的酢鱼，托同事捎给母亲。湛氏见到官差后，热忱地接待来客。当得知那坛酢鱼是公库之物后，立即写下一个"封"字，将封条贴上鱼坛，原封不动地退回来，并写信责备儿子说：尔为吏，以官物遗我，非惟不能益吾，乃以增吾忧矣！读罢母亲的来信，陶侃内心充满愧疚与悔恨。此后他时刻铭记母亲的教诲，毕生不改为民之本心，恪守为官之德行。陶侃虽出身南方寒门，早年仕途艰难，官位不显，却凭借着自身才干、清廉官德相继出任荆州等八州刺史和征西大将军，封长沙郡公，获赠大司马，成为两晋时颇具传奇色彩的知名人物。

古代蒙书《三字经》开篇云："人之初，性本善。性相近，习相远。"湛氏虽是一位普通妇人，对儿子陶侃从小就严加管教，教子惜阴读书，以忠孝勤俭之美德熏陶儿子，树建功立业之志，又以"责子退鲊"等实际行动为儿子把好廉洁关。陶母的教子事迹对后世影响较大。唐代名士舒元舆路过陶母湛氏墓时，有感于她教子有方，一气呵成写下《陶母坟版文》，称赞她是教子之楷模，可以卓往赫来，为千万年光。明代张九韶在《重修陶母墓记》中感叹说："世之为母者，如湛氏之能教其子，则国何患无人材之用？天下之用恶有不理哉？"当今广大党员干部务必时时慎始，事事慎微，唯有如此，才能防患于未然。否则，小恶不止，必成大患。

（二）皇帝诗赞的状元

新干县是庐陵的北大门，始设县于秦始皇二十六年（前221），是江西十八古县之一，其境内大洋洲所出土的商代青铜器，改写了江南文明史，被专家称为江南青铜王国。吉安是状元之乡，不仅有"三千进士誉华夏"之盛名，而且有17位科举状元，第一位状元何昌言即是新干县人。

何昌言（1067—1126），字忠儒，原名昌彦，因性格正直谦逊克制，求学后改"彦"为"言"。何昌言自幼勤奋好学，志气宏远，于绍圣三年（1096）中解试，第二年中丁丑科（1097）状元，官至工部侍郎。

进入仕途后，何状元没有辱没"昌言"之名，先后五次向皇帝上书，弹劾大奸臣蔡京。遗憾的是，蔡京权势大，何昌言每弹劾一次就被贬官一次，先后五次遭到贬官。庆幸的是，他为官清廉，执法公平，皇帝见他忠贞敢言，所以每次遭贬官不久，又将他调回京城。政和二年（1112），在权相蔡京的操纵下，朝廷和地方官大搞"面子工程"，铸九鼎、建明堂、修方泽、立道观等，耗资达五千万银两，给老百姓增加了沉重负担。那年何昌言被安排在河南巡察灾情，所到之处皆听得民众的痛骂声，于是他将蔡京不赈灾，逼迫民众交纳重赋，浪费公帑等罪状如实向皇帝上奏。岂

峡江县何昌言状元文化馆

料，奏折竟被蔡氏党羽截获。奸相蔡京眼见前几次都拿何状元没办法，于是一面安排人再次调查他的经济问题，一面安排鹰犬上奏，弹劾他贪赃枉法。何状元是位清廉之官，蔡京派去的人一直查不出他任何问题，无奈之下，只好将何府门前的"汉柏秦松骨气，商彝夏鼎精神"的自勉联抄回交差，气得蔡京无计可施。

鉴于何昌言为官清廉，不事权贵，宋哲宗赵煦特意赐五言诗称赞他：

登府能书献，扬廷好爵縻。

致君尧舜事，寤寐想忠规。

清同治十年（1871），新干人在县城何家山建造一座七级状元塔，以此纪念何昌言清廉为官、直言不讳、敢疏奸佞的不朽功德。

（三）天下清官谁第一

清朝康熙皇帝历来重视对大臣道德品行的考察，对清官总是不遗余力地表彰，树立榜样。翻检史料，康熙帝曾称赞三位清官"天下第一"，分别是河南张伯行、山西于成龙和新干县王言，并为王言亲笔题写"天下清官第一"的条幅。

王言（1641—1711），字慎夫，号两峰。康熙十八年（1679）进士。官至北京宛平知府。康熙四十一年（1702），王言调任永清知县，兼任永定河治理总监。他深知责任重大，经常亲临工地巡视，督查河道疏浚事务。很快就查到有一位号称皇亲国戚的姚公子为建私人住宅，仗势强运工地的石头、木料建私宅，致使治理工程存在偷工减料之实。王言不顾姚公子背后的权势，他将收集到的证据上报朝廷，将姚公子绳之以法，就地惩处。

不久后，朝中有一位程姓尚书私下找到王言，意欲安排亲戚揽接修复河道的石材等耗料供给，程尚书想以权势相压，却遭王言严词拒绝。程尚书怀恨在心，多次向朝中大臣进谗言，说王言以权谋私，大量敛财。有一天，程尚书向康熙皇帝上奏，诬告王言藏有金银数箱，如今正在运往家乡新干的路途中，还污蔑他"家田万顷，奴仆成群"。康熙接到举报后，大惊失色，立即安排监察御史乔装打扮，奔赴新干县暗访。御史来到王言家，看到的是"田庐荡废，四壁萧然"。王氏家人吃的是粗茶淡饭，住的是一栋普通土瓦平房。王言的妻子正脚踏纺车、手执棉线在纺纱。进入王言家后，翻检托运回来的那两个大木箱，仅有一些衣物和书籍，箱底却是数块永定河中的鹅卵石。监察御史忙问缘故，王妻答道："夫君向来不为钱财所动，为表达志愿和清白，特意取石明志。"御史不禁感叹道："天下竟然会有如此贫寒的'贪官'！"康熙皇帝听到汇报后，又惊又喜，连声称赞："清官，天下难得的清官！"忙命御史拿来文房四宝，凝神屏气，写下"天下清官第一"六个苍劲有力的大字赐给他。

王言为人为官，两袖清风，一心勤政为民，治绩显著。后来，王言的子孙不忘祖训，不负祖望，均以清廉勤政、同情百姓疾苦著称，深得后世赞颂。康熙四十三年（1704），王言的子孙还将康熙皇帝御赐的条幅制成金匾，悬在祖宅，以警示子孙。这块匾至今保存在新干县博物馆，似乎诉说着这片土地上精彩的清廉故事。

康熙御敕"天下清官第一"金匾

二、以勤筑基，恪尽职守

勤而不廉要出事，廉而不勤要误事，不廉不勤会坏事。自古以来，历代庐陵人以勤政为基，以清廉为本，创造了负有盛名的庐陵文化。

（一）岂愧庐陵勤劳家

"以文章道德为一世学者宗师"（吴充语），这是千年来对欧阳修的高度评价，很多人却不知其父欧阳观勤政敬业、恪守清贫的为官为人作风，深刻影响着欧阳修的一生。《宋史·本传》中说，欧阳修小时候常听母亲讲父亲勤廉为官的故事，而他是"闻而服之终身"。

欧阳观（952—1010），字仲宾，永丰县人。宋咸平三年（1000）进士。历任道州、泰州判官，泗州、绵州推官。大家都知道，判官和推官都是主管狱讼方面的事务，是一份较为烦琐且人命关天的工作，必须有强烈的责任心和严谨细致的作风。为防止冤假错案的发生，欧阳观对所有案件都一丝不苟地办理，对重大案件亲自参与查办，晚上经常加班加点，在烛光下审阅案卷。

在泰州任职的某天晚上，欧阳观正在办理案件。其间，他先后几次放下案卷，并唉声叹气。夫人郑氏抱着儿子欧阳修坐在旁边，忙问是怎么一回事。他说："这是一个应该判处死刑的案子，但我总在想，能否替死刑犯找到一条可以活下来的路子，可是我怎么也找不到啊！"郑夫人觉得很奇怪，问道："犯下死罪的人，还允许为他找活路吗？如此做，是否有失公允？"欧阳观却答道："假如连替罪犯寻找活命的机会都没有的话，那么死刑犯和我应该都没有遗憾了，表明这起案件办得合理妥当。"一千多年前的欧阳观竟然对政务如此深思熟虑，公平公正审定案件，以自己的辛勤汗水来对待生命和人权，谨慎处理每一起刑狱案件，令人敬佩。

欧阳观不仅勤勉敬业，而且为官清廉。担任判官和推官的俸禄本就不多，他却待人豁达大度，喜欢扶贫济困，经常不顾家庭生活的窘况，备酒置菜，招待四方宾客。他还对夫人郑氏说："不要让钱财拖累我们。"在绵州任职三年，同僚们争相采购四川特产，他什么也没有购置，离任时仅购买一匹蜀绢，请人画成《七贤图》，并张挂于新任所的书房，视为至爱。大中祥符三年（1010），欧阳观在泰州判官任上染病身亡，因家里没有积蓄和田产，致使妻儿的生活陷入困顿。郑氏夫人对小欧阳修说："你父亲去世时，没有留下一间房屋和一块土地，《七贤图》是唯一的遗产。"郑氏以《七贤图》的故事对儿子进行家风教育。

一代文宗欧阳修的勤廉事迹还深深影响着外地来吉安做官的人，其中黄庭坚任泰和知县时书写的《戒石铭》久负盛名。黄庭坚（1045—1105），字鲁直，自号山谷道人，晚号涪翁。修水县人。北宋文学家、江西诗派开山祖。元丰三年（1080），黄庭坚赴任泰和，当时正值春耕，广阔的田野上耕者寥寥无几，黄庭坚心急如焚。此后他躬于政务，体恤民情，经常深入穷乡僻壤调查走访，奏请朝廷为百姓减免赋税，尽心履职，使百姓生活安定。有一天，黄庭坚召集县衙下

黄庭坚书写的《戒石铭》

属训话："近日巡视农耕桑种，深感民生之不易。庭坚读《贞观政要》，深知为官当思治国之本，一举一动若有扰民伤民之嫌，均应谨慎行之并戒之。今取数句，刻于戒石上，请诸位以此自励自勉。"说完，让衙役取来笔墨纸砚，书写《戒石铭》四句：

尔俸尔禄，民膏民脂。

下民易虐，上天难欺。

随后，命工匠刻文于石上，用朱砂描红，使之醒目。黄知县在泰和县时减税赋，平冤狱，建书院，兴水利，留下许多令人称道的惠政，史书中说他"治政平易，人民行以安定"。南宋绍兴二年（1132），宋高宗感叹于黄庭坚的勤政事迹，将其所书的《戒石铭》发布天下，命州县长吏"刻之

.　095

泰和快阁

庭石，置之座右，以为晨夕之戒"（《建炎以来系年要录》卷五五）。因此，后人提起《戒石铭》时，会想到黄庭坚在泰和做知县时的勤政事迹。

（二）勤劳传家视作宝

庐陵之名被后世所熟知，实源于北宋文坛领袖欧阳修在《醉翁亭记》中写道："醉能同其乐，醒能述以文者，太守也。太守谓谁？庐陵欧阳修也。"由此名句，让后人记住了欧阳修和庐陵，欧阳修受到家乡后代的景仰，庐陵也成为家乡后代倍感荣耀的一张名片。欧阳修（1007—1072），字永叔，号醉翁。天圣八年（1030）进士。官至翰林学士、枢密副使、参知政事。谥文忠。欧阳观去世时，欧阳修年仅四岁，但父亲爱岗敬业、勤政为民的为官作风，深刻地影响了儿子。

曾有人向欧阳修请教为官之道，他答道："不见治迹，不求声誉。"（《文忠集附录》卷五）意思是说，自己做官不追求声誉，不追求显露政绩，只求顺应百姓诉求，公正勤勉为民。他先后治理过数郡，总是以造福一方为己任，从不随意骚扰和干涉百姓生活。读其散文名篇《醉翁亭记》，亦可见证他在滁州任太守时实行宽简吏治，注重发展生产，使当地人实现年丰物阜的生活景象。尤其可贵的是，他作为一位地方长官，却能在山林中"与民同乐"，这份真实的为民情怀极其难得。

欧阳修的学问，知名当世，备受后世推崇，可谓文史兼通，诗文俱工，对《诗》《春秋》《论语》等六经都有深入的研究。他与新余人刘敞开疑古惑今之先河，成为著名金石学家；他于史学方面的成就则是参与编纂《新唐书》，独著《新五代史》，"二十四史"一人独修两部；他的散文成就尤为突出，且创造出自己的独

欧阳修雕像

有风格，有"六一风神"之誉。这些不凡成就，离不开辛勤汗水的浇灌。对自己著述颇丰的原因，欧阳修在《归田录》中说："余平生所作文章，多在三上，乃马上、枕上、厕上也。盖惟此尤可以属思尔。"意思是说，自己所写的文章，多是在骑马时、睡觉前、上厕所时构思完成。试想，这样三个地方，看似不经意，却能办成大事；这样三个时间，与治学无关，最终却能取得如此丰硕的成果，足以说明他在政务繁忙之余，利用一切可能的时间和机会来写作，体现了惜时如金的一贯作风。欧阳修说："忧劳可以兴国，逸豫可以亡身，自然之理也。"（《新五代史》卷三七）他以唐庄宗为例而自勉：作为一代君主，曾因其艰苦奋斗、发愤图强而成功，又因其居功自傲、贪图享乐而失败，足见忧劳勤奋对一个人乃至国家社稷是多么的重要。欧阳修父子俩正是本着"一勤天下无难事"的原则，功夫注重于平时，最终实现厚积薄发，一鸣惊人。

（三）民生在勤则不匮

一方水土养一方人，一个地方的文化更是深刻地影响着这个地方的人，阳明心学知名传人、永丰县聂豹即是一位全国知名的"廉豹"。聂豹（1487—1563），字文蔚，号双江。正德十二年（1517）进士。著名理学家、军事家、抗倭名臣，官至兵部尚书。谥贞襄。

聂豹为官极其勤勉，中进士后即出任南直隶华亭知县。当时，华亭旱灾、水灾接踵而至，个别官吏勾结黑恶势力，借机敛财，老百姓都怨声载道。聂豹上任后，第一件事就是整肃吏治，对身边人立法三章，要求必须廉洁奉公，不准衙役私通外界，不准以权谋私，一时积弊顿清。南直隶有位财务总管倚仗岳父是朝廷一品大官，一直伙同他人私吞应蠲免的税银，前几任知县均碍于其背后势力，不敢得罪。聂豹先是微服私访，摸清具体情况，收集相关证据，后及时将这位吏胥及其同伙革职查办，追还税银1.6万两、米5600余石，其多收的秤头银2600两用以抵扣民间积欠，老百姓无不称快。此后，聂豹不辞辛劳，亲自参与清理豪强、寺僧所侵占的田地，校勘官籍以均徭役，考核官员以励风节。县衙小吏、差役有过错者，及时给予教育、提醒和帮助，以自身的勤政和清廉，实现了华亭县的政通人和。

嘉靖三十二年（1553），聂豹升任兵部尚书。他慎选将士，善用人才，极其重视军队的操练，以增强战斗力。白天，他常率将士修边城，建关隘，预备储粮，加固要塞，分屯重兵控扼重要关口，以防外侵之敌。夜晚，召集将士一起商量，冷静思考，筹谋边关的防备策略。他平时多次向朝廷上疏，提出自己对

聂豹画像

边防事宜的建议，并请筑构北京外城。因声望赫然，被皇帝诏赠太子太保。

千百年来，吉安滋养了一代代勤政之士，留下许多可歌可泣的事迹。当前，我们正处在谱写中国式现代化吉安篇章的征程中，更应以优秀文化滋养沁润心灵，自觉做心系百姓、勤政为民的典范。

三、以恕为训，忠直不迁

"恕"是中国传统道德观念中的一个重要概念，最早由孔子提出："己所不欲，勿施于人。"这是对"恕"的最好解释。其实，恕最能体现一个人的宽容和大度，其背后则是积极的人生态度和高尚的情操，有利于化解现实生活中的许多矛盾。庐陵先贤们对"恕"较为推崇，其中杨万里家族更是将"恕"作为重要的道德衡量标准而写入《官箴》，让后世子孙践行为人、为官、为学的道德标准。

（一）父清子廉话《官箴》

历代《官箴》，史不绝书，不下三四百篇之多，其中杨万里的《官箴》亦负盛名。杨万里（1127—1206），字廷秀，号诚斋。吉水县人。绍兴二十四年（1154）进士。其被誉为一代诗宗、爱国耿臣、理学大家、清廉名士。谥文节。

南宋庆元六年（1200）夏，其长子杨长孺赴任南昌知县，临行前向父亲请教为官之道，杨万里将自己的为政经验写成《官箴》为其壮行，强调做官必须做到五个字："一曰廉，二曰恕，三曰公，四曰明，五曰勤。"他

吉水县杨万里纪念馆

语重心长地告诫长子，为官之道就像磨刀一样：假如你能与清廉相伴，就要敢抓敢管敢干，处理政事时应不讲情面，甚至可以凶狠一点；假如你与刑罚相伴，施政时就要有宽恕之心，不能以严苛之心待人；假如你能兼有以上二者，这才算是公平公正地履职尽责。《官箴》篇幅虽短，才48字，但倾情授此"五字诀"，可谓将做官的勤政廉明释义到极致，对当今的公职人员仍有晨钟暮鼓般的警示意义，可谓思义明理之铭，修身养性之鉴。

据史料记载，杨万里毕生以恕为训。隆兴元年（1163），杨万里任零陵县丞期满，老百姓打算置办一桌酒席与他钱别，杨万里得知后逃宴，"夜浮一叶逃盟去，已被沙鸥圣得知"，为的是体恤民情，不肯增加老百姓的额外负担。乾道五年（1169），杨万里任奉新知县，禁止税吏下乡骚扰百姓，核算百姓应缴纳的税赋，并将名单和税额张榜公布，既让大众监督，又杜绝官吏贪污。绍熙三年（1192），杨万里任江东转运副使，总管淮西、江东军马钱粮，拒绝灰色收入，一文不取。晚年辞官回乡后，权相韩侂胄修筑南园，嘱托他写一篇《南园记》，并许以高官厚禄，杨万里却斩钉截铁地说："官可弃，记不可作也。"（《宋史·本传》卷四三三）这段记载体现了他为人清廉正直，视富贵如敝屣的可贵品德。

（二）莫忘清白有家传

自古以来，清官廉吏，代不乏人，但父子均为清官且兼诗文大家者并不多，杨万里父子即是其中一对。杨万里以家风醇厚、教子有方而闻名于世，如长子杨长孺认真践行"以恕为训"的为官准则，成为南宋一代廉吏。杨长孺（1157—1236），字伯子，号东山。自幼受到良好的家庭教育，深受父亲杨万里的影响，秉承其父清廉正直的优秀品质。

嘉定四年（1211），杨长孺赴任湖州知州。因是京畿之地，皇亲秀王赵柚的封地即在此地。杨知州刚刚到任，秀王为笼络他，邀赴家宴。盛情难却，杨长孺只好来到秀王府。秀王"张乐开宴，水陆毕陈，帷幕数重，列烛如昼"（《东南纪闻》卷三，下同），酒筵吃了一半，秀王安排杨知州先休息一会，接着又拉他入席饮酒。在秀王的劝说下，杨长孺喝得酩酊大醉，不知不觉在秀王府待了两天。回到州衙后，杨长孺立即向朝廷上奏折弹劾自己："赴嗣秀王华会，荒醉凡两日，夜旷废职事，愿罚俸三月。"如此一来，秀王再也不敢宴请他。令人敬佩的是，对秀王的恃势骄横，杨长孺敢为民作主，不讲丝毫情面，颇有治绩。嘉定十年（1217），杨长孺升任广东经略安抚使兼广州知州，天天粗茶淡饭，缩衣节食，却将自己所节

省的 700 万缗俸金"代上户输租",他自题《代民输租》诗云:

> 两年枉了鬓霜华,照管南人没一些。
>
> 七百万钱都不要,脂膏留放小民家。

三年后,杨长孺转任福建安抚使兼福州知州。该地有一位皇亲国戚叫强宗,拒租抗税,横行乡里,欺压百姓。杨长孺了解情况后,亲自率领衙差上门捉拿。强宗仗着自己的背景,态度傲慢。杨长孺刚正不阿,秉公办案,写下判词上奏朝廷说:"你是天子亲,我为天子臣;你犯天子法,我行天子刑。"强宗理亏心虚,终于屈服认罪,从此福建一带大治。

有一天,宋宁宗召见翰林学士、太常少卿真德秀,问:"当今廉吏有谁呀?"真德秀思考后答道:"杨长孺,当今廉吏也。"(《吴兴备志》卷五)杨长孺晚年时,生活十分贫困,病逝前夕竟无以为殓,"适广西帅赵季仁馈缣绢数端,东山曰:'此贤者之赐也,衾材无忧矣'"(《鹤林玉露》卷四)。

(三)何愧庐陵忠节家

一个地方所获得的显赫名声,或得之于人,或得之于文,或得之于事,或得之于物,而杨万里家族以名门望族、贤士众多、诗文最显、忠节俱备、古迹甚丰广而兼之。杨士奇(1365—1444),泰和县人,杨万里 11 世族孙。他入内阁 40 余年,任首辅 21 年,以才学闻名于史册,成为明初历事四代君主的著名政治人物。

杨士奇不足一岁半时,父亲杨子将病逝。因生活所迫,母亲陈元贞改

杨士奇手书碑拓

嫁于德安同知、泰和人罗子理，杨士奇因此曾改为罗姓。八岁时的过年时节，他看见继父罗子理忙里忙外，正在祭祀罗氏先祖，内心却想：自己虽被改为罗姓，但不能忘记先祖。即使没有条件，也要想办法来祭祀自己的祖先，于是选择一个角落，从外面捡来几块土砖，做成杨氏先祖神位的样子，郑重地向祖先牌位下跪行礼。八岁的小孩竟然有如此行动，可见他不同于常人。少年杨士奇能清醒地认识自己寄人篱下的现实，后来又经历颠沛流离的生活考验，这使得他养成了勤奋好学、坚忍不拔、忠诚厚道与严谨宽容的优秀品质，是中国历史上不多见的以布衣入朝为相的人物。

杨士奇平日自律极严。永乐帝时，广东布政使徐奇把岭南的土特产送给朝中大臣，唯独杨士奇没有，永乐帝还为他打抱不平，杨士奇毫不介意，并为徐奇辩解说："他究竟送了我没有？现在记不清了，况且只是一些土特产，定然没有其他用意。"又如，杨荣曾是永乐朝内阁首辅，而杨士奇是仁宗朝首辅，两人确实曾有一段短暂的微妙关系，但睿智的"二杨"很快作出了妥善处理。有人向明宣宗反映杨荣生活奢侈，还多次接受边关大将馈赠的良马，致使宣宗对他颇有看法。杨士奇得知后，却为他说好话。宣宗听后笑道："我初即位时，杨荣几次说过你和夏原吉的坏话，你居然为他说好话。"杨士奇说："杨荣通晓边塞事务，了解敌我双方形势，为我等所不能比。他功大于过，不应因其小过失而介意。"接着又诚恳地说，"希望陛下能像宽容我一样对待杨荣"。杨荣得知此事后，内心十分惭愧，此后两人感情如初，极为融洽。杨士奇待人为官之仁厚，可见一斑。

四、以明为要，坚守初心

常言道：办事不公开，必然怀鬼胎；办事不透明，内幕有私情。然而，庐陵文化底蕴深厚，名士辈出，自然离不开"公生明，廉生威"这个为政清廉的不二法门。

（一）"七日为君"传佳话

两宋庐陵孕育了"五忠一节"这样一个独特的群体，成为后世敬仰的人物，此后在对先贤事迹的耳濡目染中，吉安人将这份切身感受始终埋藏于内心深处，成为自觉行动。

明代内阁宰辅、峡江人金幼孜（1368—1431），曾历事三朝皇帝，待人谦让低调，处事开明公正，为政静默宽容，一生不骛名，"眷遇虽隆而自处益谦"（杨荣语），并将自己的生活起居场所取名为退庵，以表心志。

　　永乐二十二年（1424）四月，鞑靼阿鲁台犯境，明成祖朱棣决定进行第五次亲征。六月中旬，明军行进到答蓝木纳儿河（今蒙古国境内），不见敌人踪迹。皇帝向群臣询问对策，众人均不敢答。金幼孜眼见士兵疲惫，据实而上奏说，不能孤军深入，建议班师回朝。朱棣不允，继续北进。当军队行进到达开平时，朱棣对金幼孜、杨荣说："朕梦见神人两次说上帝好生，这是什么兆头呢？"金幼孜说："陛下此举，固然是要除暴安民。但火烧昆仑，玉石俱焚，请求陛下留意。"谏言皇帝应"明得失，知进退，懂取舍"，杨荣也表示赞同金幼孜的意见，于是朱棣当即表示同意班师回朝，命令他俩起草诏书，诏谕北方各个部落。返京途中，明成祖还就回京后将军国大事一并交付太子之事与金幼孜、杨荣等人商议，足见朱棣对金幼孜的公正开明处事能力的认可。

　　八月十八日，当军队行进到榆木川（今内蒙古自治区境内）时，明成祖突然病逝，于是又发生了金幼孜"七日为君"的故事。明成祖去世后，为了稳定军心，避免汉王朱高煦为争夺皇位而借机发动叛乱，金幼孜主动找杨荣商议，采取秘不发丧的办法来处置。一边由杨荣火速进京报丧，另一边由金幼孜护卫梓宫返回。他每日照常安排大臣来觐见成祖，一日三餐照旧奉上皇帝的饭食，各地送来的奏折仍然照常呈报，所有奏折的审阅、批复，全由金幼孜代办，并代成祖发布一些简单的诏令。整个行程中，只有少数几位要员知道朱棣已病逝，其他人一无所知。从榆木川到达北京城，路上共用了七天时间。这种以大局为重、严谨严明的政治智慧，终于让太子朱高炽平稳地完成权力交接。

（二）正直严明状元郎

庐陵群星璀璨，辉映着中华历史时空。仅吉水县，就有"一门三进士，隔河两宰相，五里三状元，十里九布政，九子十知州"的民谚流传。其中的"五里三状元"是指明代吉水文昌乡的王艮、刘俨、彭教三位状元公，他们所在的村庄相隔约五里，其中刘俨状元秉公执事、读卷公正、居官清介的事迹，常被后世传颂。

刘俨（1394—1457），字宣化、号时雨，吉水县人。正统七年（1442）状元，授翰林院修撰。刘俨先后三次担任顺天府主考，总是心有敬畏，严守底线，为朝廷把好选人用人关。景泰元年（1450），刘俨以侍读官衔首次出任顺天府乡试主考，录取江阴县徐泰为解元。徐泰家境富裕，是当地望族，却因出身富家反而多次受到排挤。地方豪绅为了打击徐家，向朝廷状告刘俨徇私舞弊，说刘俨擢其为第一名，实是出于巴结富豪，建议朝廷问罪于刘俨。明代宗立即安排人审查复核，下令顺天府乡试前五名进京复试，并安排大学士陈循监考。复试现场，陈循窥看徐泰所写文章，暗自道："如此宏文，理所当然定为第一名。"阅卷时，拆开弥封一看，众阅卷官均将徐泰定为第一名，这时谣言不攻自破，刘俨唯才是举的名声由此传开。

景泰七年（1456），刘俨再次被委以重任，出任顺天府乡试主考。当时内阁大学士陈循的儿子陈英、王文的儿子王伦都参加乡试。相传，陈循、王文二人安排手下人找到刘俨，请他录取时关照一下陈英和王伦，以便明年有资格参加礼部会试。刘俨答道："假若他们有才，自然会被关照。"之后，刘俨依据考生的答卷，据实评定名次。公布乡试入闱名单时，陈英和王伦均榜上无名。这时，有人向皇帝告黑状，说刘俨读卷不公，录取名单有搞暗箱操作的嫌疑。为弄清是非，明代宗安排大学士高谷对中举者的试卷全面复核。查实情况后，高谷如实向皇帝禀报，认为整个考试公平公正，并无徇私舞弊行为。刘俨曾高中状元，一生官阶却不高，这与他不巴结权贵、公正处事有关系，由此可见庐陵文化中"重节义"的一面。

（三）一枝一叶总关情

江苏淮海，自古就有很重要的军事地位，因黄河流经此地，经常洪水泛滥，成为激发社会矛盾、引发社会动荡的重要诱因。朱衡治理徐州段黄河，对黄河安澜作出了重要贡献。朱衡（1512—1584），字正南，号镇山。万安县人。嘉靖十一年（1532）进士，官至工部尚书。

嘉靖四十年（1561）七月，沛县黄河堤决口，大片农田被淹，老百姓损失巨大。时任南京刑部尚书的朱衡接到诏令，改任工部尚书兼右副都御史，总理河漕，专司治水事务。接到诏令后，他火速赶赴现场，用心用情视察灾情，妥善安排群众生活。当时洪水汹涌，不易施工，且旧渠已成陆地。朱衡向朝廷上奏，同意邻县章时鸾知县提出的建议，开挖南阳新运河。朝廷同意后，他日夜坐镇于工地，根据现场实际及时调整相关决策，毅然撤换不称职的官吏。新河道工程进展顺利，很快就挖出一条长194里的新河道，解决了漕运船只的航行中断问题。朱衡因治水有功，被封为太子少保、享正一品食俸。

隆庆元年（1567），山东、江苏等地暴发山洪，新开挖的河道被凶猛的洪水冲坏，致使数百艘漕船受损。朱衡虚心听取各方面意见，认为新河道决口的原因在于"以一堤捍群流"。经过深入调研，打算新开挖四条支河来分流，以减少洪水对新河堤岸的冲击。他还向朝廷建议，在东平、兖州等地改凿新渠，远避黄河之水，以保证新水渠的流量平稳，同时还能实现漕运船只由新河北上。奏折很快被批复同意。随后，支河、新渠开凿成功，明代大运河徐州段的第一次大改道，由朱衡牵头实施，并得以完成。

隆庆五年（1571）四月，黄河决口于邳州。此前总河侍郎翁大立等人数次奏请朝廷新开洳河以避黄水，但未获得朝廷支持。朱衡从实际出发，多次勘察灾情现场，也向朝廷奏请开挖洳河，并获得明穆宗支持。此后，新河之畔的夏镇逐渐成为山东运河南段仅次于济宁的商埠码头。那时，奉旨总领河事的朱衡日夜驻扎于此，为黄河治理尽心尽力。

众所周知，黄河治理是一项复杂而庞大的工程，需要投入大量的人力物力，不少权贵以此作为敛财的机会。朱衡不畏强权，大胆为民请命。在施工过程中，他总是精打细算，将相关环节置于大众监督之下，"裁抑浮费，所节省甚众"（《明史·本传》卷二二三，下同）。他在治水过程中，既注重实效，减少劳力，又注意节约开支，合理使用经费，最终促成新河开挖成功，受到老百姓的普遍称赞。朱衡督役严格，所修渠道 20 年安然如故。每当洪水来临，为观察河水的流速，他总是顶着风雨，驾着小舟，穿行在波涛洪峰之间，全面掌握了第一手水文资料。群臣见他治水如此认真，无不感动，故《明史》中有"廷臣可使，无出衡右者"的评价。

（四）廓清污浊见分明

明代晚期的铁面御史龙遇奇常被江淮地区的百姓歌颂与怀念，正是他政务公正严明，敢于推行改革，能够造福百姓，才拯救了朝廷盐政危机。龙遇奇（1566—1620），字才卿，号紫海。今井冈山市人。万历二十九年（1601）进士。

入仕后，龙遇奇被授金华县知县。龙遇奇极其重视体察民情，几次奏请朝廷让百姓休养生息。他处事公平正义，该县很快得以大治。几年后，他因政绩斐然而调入京城，入都察院拜为御史，

井冈山塘南村龙氏宗祠

奉命巡按湖广道，后改为陕西巡按，其间平两湖、秦地冤狱数百件，为民请命，痛陈陕西的包税之弊，为秦民"三苦"大声疾呼，深得老百姓爱戴。

万历四十六年（1618），龙遇奇转任两淮盐政，驻扎扬州。那时江淮地区市面极其缺盐，私盐价格暴涨，盐政市场管理混乱。龙遇奇为官清正，忧国忧民，于是勇挑拯救大明盐政危亡的重任。他先后上奏《盐政十二款》，请求订立《盐政纲法》，大胆改革盐政，如分淮南盐引十纲，年以一纲行旧引，九纲行新引等，其本质是由官府指定巨商为纲运商人，再由纲运商人包揽承运官盐引所上纳的税银。如此改革盐法，实际上是允许官盐私营，放宽朝廷盐业专卖的经营权。此举不仅缓解了朝廷的财政危机，也为明朝后期徽商、晋商等著名商帮的形成起了巨大的推动作用，极大地刺激了中国古代商业贸易的发展，被认为是自西汉专卖制度创立以来又一次划时代的变革。

龙遇奇热心文化教育事业，曾捐俸买田，创办维扬书院，聘请关学大儒冯从吾为书院主讲。龙遇奇辞官回乡后，在宁冈创建郑溪书院，与画家王常奉、江右心学传人邹元标等名士相交甚笃，常往来于青原书院、白鹭洲书院讲学，著《圣学启关臆说》，其大旨扬王阳明之学。

龙遇奇去世后，朝廷为表彰其为官清正、处事公正严明，准允在其家乡塘南村建"清朝侍御"牌楼纪念，寓意他是"廓清朝廷污浊"之监察御史，让他盛名远播。

五、以俭持身，注重教化

万历《吉安府志·风土志》云："故谈吉安者，言忠义，自颜鲁公而杨希稷、文信国抗金元之节；言理学，自王新建而邹祭酒、罗赞善衍性命之传。言文章，自欧六一（疑缺字），言相业，自周益国。而杨廷秀、杨东里、解大绅、彭纯道诸缙绅，代有兴起。以故蒸酿成习，五尺童子稍知书，慨然有志。"以"文章节义"著称的庐陵，历史上出现了不少既能干又勤俭的好官，史志中称其为"循吏""良吏"，老百姓尊称为"青天"，他们永远受到后世人的敬仰和传颂。

（一）唯以俭德能辟难

说到明代的清官良吏，被明太祖朱元璋御赐"老实罗"诨名的罗复仁，即是其中一位。翻开《明史·列传》第 25 卷就知道，罗复仁一生官做得不大，为官时间也不长，却以性格耿直、能言敢谏和为官清廉而闻名史册。罗复仁（1306—1381，一说卒于 1371 年），吉水县人。《鹤林玉露》作者罗大经的裔孙。年少好学，通晓天文，元时曾被陈友谅辟为编修。

洪武三年（1370），朱元璋设立弘文馆，将刘伯温、罗复仁等一批学识渊博之士任命为学士，以此笼络天下文人。那时天下初定，在社会、经济和文化等方面都需要革陋除弊，罗复仁经常操着一口吉水方言，在朝堂上直截了当地指出皇帝施政中的得失成败。朱元璋有时虽然也很生气，却十分欣赏他朴直憨厚、直率敢言的性格，经常不顾君臣之礼，直接称呼他"老实罗"，似乎忘记他的真实姓名，体现出一份亲近、幽默和信任。

朱元璋做皇帝日久，闲暇时便多出一份猜忌。有一天，闲着无事的朱元璋回忆起与陈友谅争夺天下时的一些往事，突然想起罗复仁曾是陈友谅的下属，不知道此时他正在干什么，很想验证一下这个"老实罗"是否真的老实，于是带着两名随从，要去居住在南京城外的罗复仁家。微服私访的朱元璋四处打听，终于打听到他家的住址，东绕西绕，走了大半天，才到达一处很偏僻的小巷子深处。只见这里仅有两三间破旧房子，室内的家具相当陈旧。当时罗复仁正好在家，因墙壁上有一些泥石脱落，他正趴在一架梯子上粉刷墙壁。罗复仁一见皇上驾到，大惊失色，腿一哆嗦，竟然从梯子上掉了下来。罗复仁急忙吩咐妻子搬一把椅子给皇上坐，可是椅子的坐板还补有两块小板子，板面凹凸不平，无奈之下罗夫人只好找一只小凳子给皇上坐。朱元璋虽听说过罗复仁为官清廉，却没料想他的官邸竟然如此寒酸，内心很感动，说："罗贤士，你好歹也是一名弘文馆学士，怎么能居住在这样破旧的房子里？"朱元璋返回途中动了恻隐之心，自责不该怀疑如此清廉之人，回宫后立即赏赐城内一栋大宅子给他。

宋代以来，朝廷有为皇帝过生日的习俗，称为天寿节。按照朝廷的礼仪制度，文武百官都要送上一份贺礼。朱元璋因为出身贫困，做皇帝后又十分痛恨贪腐，所以多年没有举行天寿节庆典。有一年农历九月十八日，朝廷还是准备为皇帝举办天寿节庆典。如何给皇帝送礼呢？这可愁坏了这帮朝廷大小官员。尤其是罗复仁官位不高，为官又清廉，哪有钱财送礼呀？再加上他不在意这类事情，于是在家填写一首《水龙吟》词，用红纸誊写好，作为贺礼送去。朱元璋收到这份贺礼后，非常高兴，还安排他在大殿上朗诵词作，当着文武百官的面褒扬他，赏赐给他不少礼物。

（二）俭以持身何惧谗

生活简朴历来是庐陵人的美德，明初江南理财名家周忱，巡抚江南诸府后，常被地方豪绅弹劾，却总能全身而退，原因是他从来视公事为大，对自己以俭约约束，为庐陵先贤的"勤廉篇"书写出浓墨重彩的一页。

周忱（1381—1453），字恂如，号双崖。吉水县人。永乐二年（1404）进士，官至工部尚书，晚年迁居今吉州区长塘镇山前村。

宣德五年（1430），江南财政较为混乱，本为富庶之地、鱼米之乡的苏州和松江一带竟然到处田地荒芜，百姓逃亡，税粮拖欠严重，呈现一

吉州区周忱勤廉教育基地

片衰败景象。朝廷想找一个有才干的人前去治理，经大学士杨荣、杨士奇的推荐，周忱升为工部右侍郎，巡抚江南诸府，总理税粮。周忱到任后，江南税粮拖欠的严重状况远远超出他的想象。经了解，仅苏州一个郡就累计拖欠赋税 800 万石。为了找到解决问题的突破口，周忱并没有坐在寓所听汇报，而是深入民间，实地调查。他经常不带随从，独自骑马乘船来到老百姓家里，倾心听取意见，"见者不知其为巡抚也"。时间长了，老百姓都将他视为家人，有什么话都愿意向他倾诉，"与吏民相习，若家人父子，每行村落，屏去驺从，与农夫饷妇相对，从容问所疾苦，为之商略处置。其驭下也，虽卑官冗吏，悉开心访纳"（《明史·本传》卷一五三，下同）。

针对江南官田"只负重税之名，而无征输之实"的现状，周忱顶住户部压力，经过认真核算，对各府官田应上交的税粮作了相应的调整，仅苏州府就减去税粮任务 72 万石，此举获得皇帝支持后才得以执行。作为理财名家的他，人格魅力也一直被后世称颂，经常深入基层，及时了解百姓所需，从实际出发来解决最根本的问题。例如，周忱坚持记录每一天的天气情况。有天一位部下称某日在江中遇到大风，丢失了米粮，他及时指出，该日天晴无风。此人惊服，只好老实承认贪污之事实。有一奸诈之人，故意将一件已经判决的旧案重新提出来。周忱却说："这事早已判决，你胆敢欺骗我？"事事体现他为人机警精明，处处透露出严谨细心的工作作风。明正统十四年（1449）土木堡之变后，当时朝中大臣已议定要烧毁通州粮仓，以免被瓦剌军占领，唯独周忱说这个粮仓的粮食达 100 万石，可以作为京城军士一年的粮饷，建议由士兵自己去搬运，充作军粮。于谦采纳周忱的办法，既没有浪费粮食，又保障了京城士兵的供给。

周忱的清廉和节俭，一方面在公事中表现得很大方，如《明史·本传》载："久之见财赋充溢，益务广大。修葺廨舍学校、先贤祠墓、桥梁道路及崇饰寺观，赠遗中朝官，资饷过客，无稍吝惜。"另一方面对待私事却表现得十分谨慎，为此得罪了不少地方豪强和官绅。《明史·本传》又载："胥吏渔蠹其中，亦不甚訾省，以故屡召人言。"周忱洁身自好，坚持低调内敛做人，如巡抚江南时，曾有多地为他建生祠，借此对他歌功颂德，他总是以委婉方式加以制止。太平府百姓为他在采石江滨建生祠，周忱知道后将该祠改名为"谪仙楼"；镇江府百姓建的生祠在甘露寺，周忱把其改名为"海岳"；宜兴善权寺也为他建生祠，周忱亲自把塑像撤去，改名为"待雨亭"。

清者，莅职之本；俭者，持身之基。周忱的为官之道，与中国传统文化中所倡导的"勤俭持身"分不开。正是他肯深入基层，了解群众所需，注重从实际出发解决百姓最切实的困难，最终得到百姓的真心拥护，这也是他多年身居高位，多次被豪绅弹劾，却最终能全身而退的奥秘所在。

（三）寸心端正不愧天

明朝有一位坚守原则、拒绝外国人所送"土特产"的吉安籍官员叫刘戬。刘戬（1435—约1489），字景元，号晋轩。安福县人。成化十一年（1475）被皇帝点为榜眼，官春坊右谕德。

成化二十三年（1487）七月，刘戬升任侍讲。九月，明孝宗朱祐樘登基，按惯例需派遣一批官员去邻国颁诏。根据安排，侍讲刘戬负责出使交趾国（今越南）。孝宗皇帝赐给他麒麟一品服，为正使。那时，交趾正与缅甸国交战，且已吞并对方的占城，两国的矛盾较为尖锐，此次出使具有一定的危险性。刘戬受诏后，抛去一切担忧，毅然前往，且是轻装简从，仅携带两名仆人随行。以前，外交使者常是"扬樯蔽洋，贸重易奇"，甚至假借公事之便，顺便干一些自己的买卖。刘戬与两位随从由南宁直抵交趾，路途中没有任何仪仗，犹如普通行人，抵达时竟被交趾国官员惊呼为"天人"。来到交趾皇宫的那天，刘戬依照《大明集礼》的相关规定，立即颁发诏书，接受跪拜。第二天，循例接受宴请。完成使臣任务后，他立即告辞返朝。

交趾国按平常惯例，馈赠了许多金珠珍玩、犀角象牙等"土特产"给使者，刘戬看都不看一眼，责令两位随从如数退回。交趾国王以为有什么地方得罪了刘戬，安排人将礼物追送于路途之中。刘戬并无二话，只是重新书写初次入关时自题的一首诗送给来者：

> 咫尺天威誓肃将，寸心端不愧苍苍。
>
> 归装若有关南物，一任关神降百殃。

交趾国官员又以天气炎热为由，送给刘戬一柄由象牙做的骨扇。他在扇面上题诗道："直将凭此清炎海，肯使飓风污后尘。"并将骨扇交还给交趾人。如此，交趾国王才明白，刘戬真的不是做表面文章的人。于是安排使臣来大明王朝致谢，谢表中"有廷臣清白之语"，事后还为刘戬修建一座却金亭于思明道中。

接受地方土特产，看似小问题，背后却是民心向背、国家兴亡的大原则。事物的变化总是从小处开始，后来才发展为质变，故需倍加重视。刘戡的清廉事迹告诫我们，任何公干，一定要慎始慎微，俭以持身，真正筑牢思想防线，防患于未然。

庐陵先贤勤政廉明，是欧阳修一生克己奉公，廉洁自律的坚守，是他对侄儿为官清廉的谆谆告诫；是杨万里任满离职时，有余钱万缗，却一文不取的洒脱；是王言家徒四壁，依然勤政惠

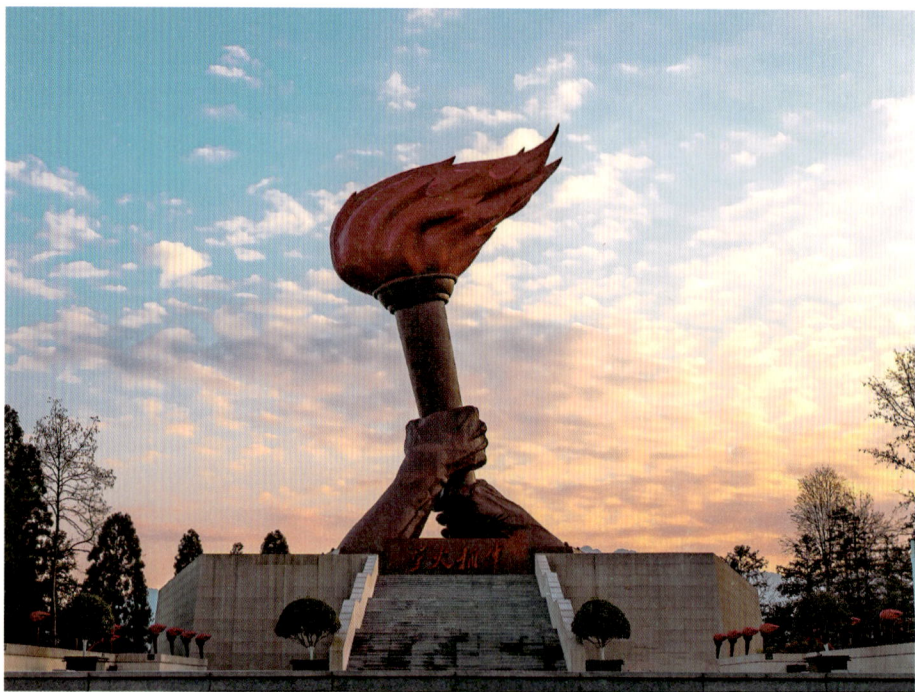

星火相传

民，"天下清官第一"的美名依然流传。这便是庐陵之正气，庐陵之清廉。一代代庐陵先贤，用风骨与气节，诠释了庐陵文脉的浩然正气。

廉洁传世久，清风贯古今。勤政廉明的文化因子，在千年的文脉里，流淌不绝。而今，庐陵正气，不限于古今，不落于潮流，清正廉洁的风骨，熔铸在吉安儿女血脉之中，与时代同频共振，孕育出跨越时空的井冈山精神。雷打石下，"三项纪律"的提出，成为人民军队攻无不克的制胜法宝。血与火、生与死的考验中，庐陵儿女淬炼出铁一般坚定的政治纪律和水一般清澈的廉洁品格。

清风劲节，在红色血脉中流淌，在新的时代迸发出全新力量，推动着吉安这座古老而又年轻的城市，奔涌向前。

第四章

革故鼎新

　　革故鼎新，语出《周易·杂卦》："革，去故也；鼎，取新也。"寓意除旧布新、推陈出新。革故和鼎新，乃事物发展变化过程中的两端。革故，是鼎新的前提，所谓旧的不去，新的不来；鼎新，为革故之成果，也就是我们常说的长江后浪推前浪、青出于蓝而胜于蓝。西汉著名文学家扬雄在《太玄·玄摛》一文中这样阐述："因而循之，与道神之，革而化之，与时宜之。故因而能革，天道乃得；革而能因，天道乃驯。"

　　中华民族自古以来就有革故鼎新的传统。早在公元前 1600 年，商朝的开国君主成汤，就把"苟日新，日日新，又日新"九字箴言镌刻在器皿上，表明求新是一个持续不断的过程，用以时刻警醒自己。《诗经·大雅·文王》中，也发出"周虽旧邦，其命维新"的呐喊，余音袅袅，影响至今。文天祥，他不仅是封建时代一位伟大的爱国政治家，还是一位敢于立新的杰出改革家，在《御试策》这篇雄文中，提出了"改革不息论"。他说："变通者之久，固肇于不息者之久也。盖不息者其心，变通者其迹，其心不息，故其迹亦不息。"

　　作为中华优秀传统文化的重要组成部分、与我国社会主义核心价值观高度契合的庐陵文化，同样包含革故鼎新的精神内涵。

欧阳修、杨万里等人是庐陵大地上文化革新的典范。他们不仅在历史上勇立潮头独领风骚，还带给我们深刻的启示：要把握时代脉搏、聆听时代声音、吸纳时代精华，不断推进实践基础上的文化创新，用创新增添文化发展动力、激活文明进步源泉，以新思路、新话语、新机制、新形式创造出更多跨越时空、富有永恒魅力的文化成果，使中国特色社会主义文化始终反映时代精神、引领时代潮流。

在技术技能革新方面，庐陵的代表人物层出不穷。如周矩父子兴建号称江南都江堰的槎滩陂、天文学家曾民瞻制造晷漏、郭维经父女发明世界上最早的原木材积表龙泉码、解缙编修《永乐大典》、曾安止编撰《禾谱》、罗洪先编制分省地图集《广舆图》、曾巽申创作绢本设色画《大驾卤簿图》、郭子章创新地名学等。

这些代表人物的技术技能，体现的是一种敬业、精益、专注、创新的工匠精神。这种精神一直传扬至今，早已融汇于一代代吉安人民的骨血与筋脉之中，由此带动一批批时代劳模与时代标兵脱颖而出。

以周忱、李全仁等人为代表，他们身上具有开源节流，为国聚财，便民为民，追求共同致富的经济革新思想。他们不仅引领当时的经济潮流与社会时尚，也为当今的吉安市如何创新驱动、培育和引进知识和智力资本、发展新质生产力、推动产业升级与经济增长、推进"十大攻坚战"特别是推进重点改革突破攻坚战提供了生动借鉴。

以何心隐、王阳明等人为代表的社会革新思想，他们秉持"刚健有为，自强不息"的积极人生态度，忧国忧民，心怀天下。在逆境面前不退缩，在强权面前不折腰，居庙堂时雨霖苍生，处江湖时则著述授徒，始终保持着高洁的操守，闪烁着恒久的人性光芒。这些人的探索与实践，对推进当今吉安各地的基层社会治理，提供了积极的参考范本。

习近平总书记深刻指出："中华民族迎来了从站起来、富起来到强起来的伟大飞跃，实现中华民族伟大复兴进入了不可逆转的历史进程！"的确，中华民族伟大复兴已进入不可逆转的历史进程，这给我们提出了更高更严更实的要求，那就是必须自信自强，踔厉奋发，精心打磨好一把把"金钥匙"，努力开启革故鼎新之门，让中华民族伟大复兴的中国梦早日实现。

一、光耀千秋的文化革新

崇文重教、耕读传家，这是庐陵人的优良传统，由此造就了庐陵这个文章节义之邦的千载美名。在尊重文化、重视教育、追求功名、关爱人才的基础上，不少庐陵人还锐意进取、敢闯敢立，敢啃文化革新这块"硬骨头"，进而翻开波澜壮阔异彩纷呈的历史人文篇章，开创了属于那个时代的文化盛世。

欧阳修、杨万里，就是其中的两位杰出代表。

欧阳修（1007—1072），北宋文坛领袖，唐宋八大家当中的宋六家之首。苏洵、苏轼、苏辙、王安石、曾巩这五位历史文化名人，都是其学生。他著述繁富，在二十四史当中，他一人就修了两部，即《新唐书》

欧阳修画像

和《新五代史》。他所撰的《集古录》，为中国现存最早的金石学著作。垂暮之年，他调侃道：吾《集古录》一千卷，藏书一万卷，有琴一张，有棋一局，而常置酒一壶，吾老于其间，是为六一，于是，自号六一居士。

韩愈和柳宗元在中唐发起了古文运动，对骈体文浮靡不实的文风给予了沉重打击，但后继力量明显不足。到了晚唐五代，骈文又死灰复燃。北宋初，西昆体开始笼罩文坛。欧阳修力排众议，让历史智慧照亮现实前行道路，毅然决然地扛起诗文革新的大旗。他极力反对西昆体，通过艰难摸索，逐步形成新的文学理论，从而影响了一大批文人，促进了当时文学创作领域的繁荣。

欧阳修主张行文流畅，不矫揉造作，不故作高深。在表现手法上，则要求委婉多致。即使有时议论纵横，也要求从容不迫，从不同角度展开阐述，读来无声嘶力竭之感。其散文风格及美学特征，主要体现在俯仰古今、逻辑严密、一唱三叹、委婉跌宕等诸方面，后人形象地称之为"六一风神"。

他的散文，第一大特点是平易自然、温婉曲折。

其《朋党论》，观点鲜明，尽量以简洁平实的语言、婉转曲折的手法，动之以情，晓之以理。其《与高司谏书》，言辞虽尖锐激烈，但读来并无声色俱厉之感，文句绵里藏针、有理有节，可谓进退自如、以柔克刚。

他的散文，另一大特点是词简情深、寄意深远。他擅长以简练通俗的语言，来叙事言物。看似平淡无奇，却蕴藏深情。他创作的《醉翁亭记》《丰乐亭记》《秋声赋》《泷冈阡表》等大量的抒情散文，对后来的王安石、苏轼乃至明清散文的发展，均产生广泛而深远的影响。

欧阳修不仅以身作则改文风、扛旗帜、树标杆，还借主持贡举之机，宣布凡写险怪虚夸太学体文章的书生，一律不得录取，即使遭到围攻谩骂甚至威胁也不为所动。由此，他以雷霆之铁腕扭转了文风，轰动一时。

习近平总书记指出，文风不是小事，文风看似是语言风格和行文习惯，实则反映的是思想观点、精神状态和工作作风。务实文风折射的是扎实作风，党员干部须在抓文风上驰而不息、久久为功，以改文风促进转作风，让好文风彰显好作风。

遥想当年，欧阳修所引领的诗文革新运动，可谓轰轰烈烈，成果丰硕。还有体现其散文风格的"六一风神"，对我们改进当下的文风、学风、会风乃至作风，无不有借鉴意义。

　　杨万里，与杰出诗人陆游、范成大、尤袤齐名，被推为南宋中兴四家。"今日诗坛谁是主，诚斋诗律正施行""四海诚斋独霸诗"……便是同代人对他的赞叹与景仰。

　　在素有诗歌王国之称的神州大地，能被评论家认定为个性张扬且独创一体的诗人并不多，文学十分繁盛的宋代也就那么七个人。杨万里因朗朗上口、通俗易懂、独具一格的诚斋体而名列其中，流芳百世。

　　杨万里自创的诚斋体具有鲜明的特色。

　　其一，贴近生活与自然。

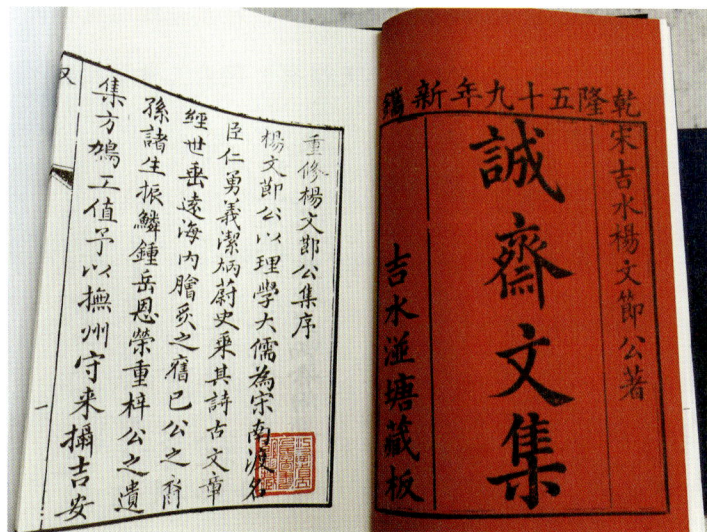

清乾隆家刻版《诚斋文集》

> 松竹阴寒分外苍，芭蕉花湿梦中香。
>
> 抽身朱墨尘埃里，入眼山林气味长。

能放眼山林，看见松竹、闻到芭蕉花香，此乃人生最大的财富。杨万里认为，那些功名利禄算什么？只是流水浮萍、落红朽叶而已。

杨万里特别喜欢观察乡村的小孩。那些可爱的小孩，有时在绯红色的晨曦中牧鸭，他们甩一记响鞭、唱一支童谣；有时他们会在黄昏玫瑰色的光晕里快乐地捉迷藏。

小孩隐藏于草堆和柴垛里，隐藏于村庄的幽暗处，隐藏于林间树影苍凉的褶皱中，好似一只只萤火虫在隐约地发出光亮。偶尔，他们也会将柳絮等身边大凡会飞之物，当作玩具戏耍一番：

> 梅子留酸软齿牙，芭蕉分绿与窗纱。
>
> 日长睡起无情思，闲看儿童捉柳花。

其二，想象新奇生动。

且看其《晓出净慈寺送林子方》：

> 毕竟西湖六月中，风光不与四时同。
>
> 接天莲叶无穷碧，映日荷花别样红。

莲叶与天相接，荷花与太阳争辉，这是多么美好而神奇的景象啊！

另一首描写月亮的诗歌，杨万里也尽展想象之翅：

> 偶然步溪旁，月却在溪里！
>
> 上下两轮月，若个是真底？
>
> 为复水是天？为复天是水？

其三，笔法曲折有致。

让我们欣赏其描绘的《新柳》：

> 柳条百尺拂银塘，且莫深青只浅黄。
>
> 未必柳条能蘸水，水中柳影引他长。

还有其吟唱的《插秧歌》：

> 田夫抛秧田妇接，小儿拔秧大儿插。
>
> 笠是兜鍪蓑是甲，雨从头上湿到胛。
>
> 唤渠朝餐歇半霎，低头折腰只不答。
>
> 秧根未牢莳未匝，照管鹅儿与雏鸭。

其四，语言浅近幽默。

杨万里这样描写降霜之月：

人静蛩喧天欲霜，不眠独自步风廊。

闲看月走仍云走，知是云忙复月忙？

夜深人静之时，诗人闲看月亮与白云行走。不知是月在忙，还是云在忙？这时，倒显出诗人的闲情和俏皮。

最幽默的要数他写的《鸦》：

稚子相看只笑渠，老夫亦复小卢胡。

一鸦飞立钩栏角，子细看来还有须。

这首诗，写孩子看看下巴长须的老诗人，又瞧瞧立于横栅的乌鸦，哑然失笑。原来，孩子是笑"老夫"的须，与乌鸦何其相似，又相映成趣，而老诗人呢，并不觉得稚童的笑是不礼貌的，也情不自禁地发出低沉的笑声。

想想看，壮志未酬、童心未泯的杨万里，只有在家乡的山水之间和乡里孩童身上，才能觅到久违的纯真、久违的诗意、久违的快乐！

其五，兴会触物而生。

杨万里善于攫取大自然刹那间的画面，寄予旷达自适、潇洒无碍的通透情怀。

如《宿新市徐公店》：

篱落疏疏一径深，树头花落未成荫。

儿童急走追黄蝶，飞入菜花无处寻。

一幅意趣盎然的春景图，呼之欲出。

又如《过百家渡四绝句》其一：

> 出得城来事事幽，涉湘半济值渔舟。
>
> 也知渔父趁鱼急，翻著春衫不裹头。

诗人那时为零陵县丞，他渴望从烦琐的事务中解脱出来。出城后，惊讶地发现：渔夫因急于捕鱼，穿反了衣衫，且未戴头巾而光着脑袋。这种疏放不羁的生活情态，正是诗人所孜孜以求的。

其六，忧国爱民情怀。

当杨万里目睹淮河成为宋金双方的疆界，两岸人民不能自由来往时，心情非常郁闷，遂写下《初入淮河四绝句》：

> 船离洪泽岸头沙，人到淮河意不佳。
>
> 何必桑乾方是远，中流以北即天涯。

他十分同情劳动人民，写了一首《悯农》：

> 稻云不雨不多黄，荞麦空花早着霜。
>
> 已分忍饥度残岁，更堪岁里闰添长。

除了在诗风上独辟蹊径、大胆革新，杨万里有个别诗篇也充盈着改革思维。

如这首《过松源晨炊漆公店》：

> 莫言下岭便无难，赚得行人错喜欢。
>
> 正入万山圈子里，一山放出一山拦。

它潜移默化地告诉我们：不要被生活中的表象所迷惑，而应正视困难、开拓创新。坚信道路是曲折的，前途是光明的。

在地方工作时，习近平总书记常引用《过松源晨炊漆公店》，提醒自己"常怀忧患之思"。

杨万里诗歌中的改革精神，还体现在其散文名篇《千虑策》当中。

他将传统法家的御下之术以及制度变革思想，做了一番全新演绎。他主张通过变革制度，清扫朝廷的颓废风气；通过删减法律条文，确保法律的执行。他认为，御下之术的关键在于：君主能隐藏内心想法，从而塑造权威。然而，御下之术却避免不了小人对君主之掌控，为避免出现这种情况，他提出"用明以公"的方法，要求君主通过多数人的意见作决策，以排除小人迷惑。

习近平总书记指出，当代中国正经历着我国历史上最为广泛而深刻的社会变革，也正在进行着人类历史上最为宏大而独特的实践创新。这种伟大实践必将给文化创新创造提供强大动力和广阔空间。

白鹭洲书院讲坛

　　中国的文化创新创造，怎样从纷繁的利益关系当中突出重围？如何在文化体制机制改革的艰巨任务中把握稳健节奏？我们可从"一山放出一山拦"所蕴含的哲理中，找到答案，那就是不囿于眼前的成绩，不满足于现状，而要继续爬坡过坎，深化改革，建立健全把社会效益放在首位、社会效益和经济效益相统一的文化创作生产体制机制，把进一步发挥市场在文化资源配置中的积极作用与更好发挥政府作用结合起来，优化文化服务和文化产品供给机制，以高质量文化供给不断丰富人民精神世界，增强人民的精神力量。

二、崇尚工匠精神的技术革新

敢于探索尝试、创新创造，敢于领风气之先、立潮流之先，崇尚工匠精神，获取民族进步与社会发展的不竭动力。

千百年来，一代代庐陵人以敢为人先、精益求精的工匠精神开辟新领域、开拓新天地、开创新业绩，以辛勤的汗水和非凡的智慧，不断擦亮"江南望郡"这块地域品牌，让庐陵风华誉满神州。

工匠精神，在庐陵的水利工程上闪光。

南唐时，监察御史金陵人周矩（895—976），是五代后唐天成二年（927）的进士。为避北方战乱，他携全家老少落脚于今泰和县螺溪一带繁

周矩故里爵誉村

衍生息。

他寓居农村，体察民情，深知农家受旱之苦，决心先修水利，以改变无水窘况，造福百姓。经细致考察，他发现距家不远的牛吼江虽然水流量大，但高岸的水田乃望天丘。为改变这种状况，后晋天福二年（937），他出资请来一批能工巧匠，在水流缓慢的槎滩处拦水筑坝，兴建槎滩陂。

周矩带领儿子周羡，不仅延续了战国以来被修建水利工程奉为圭臬的治水三字经——深淘滩、低作堰，以及八字真言——遇弯截角、逢正抽心，还因地制宜地做好工程规划、规划系统完善的工程体系等。

技术含量极高的槎滩陂，主坝长 105 米，副坝长 177 米，两坝宽约 18 米，高约 4 米。副坝上有一条 7 米宽的小闸口，为竹排、小船过

世界灌溉工程遗产槎滩陂

道。陂坝顶高度略低于河岸，洪水期陂坝没入水下，大量江水从坝上溢出，然后进入老河道，防洪功效十分明显。这座入选世界灌溉工程遗产名录、被后人称作"江南都江堰"的槎滩陂，灌溉面积达6万亩，使得"凡硗确之区，至是皆沃壤"。

"上善若水，水善利万物而不争。"这是水之道，也是自然之道，更是生存之道。

槎滩陂不仅善选址，还精管理。为杜绝"以陂谋私"，避免日后纷争，也为了更好地治理陂堰，周矩的后代们坚守"子孙宁得食德之报，而不必食田之获"的承诺，将槎滩陂移交给灌区受益农户，作为公共资产，即"乡族共有资源"，实行五彩文约集体管理制度，实现了周矩建陂"不专利一家"的初心，为当今在全国实施的河长制开了先河。

周矩利用河流截水筑坝的做法，对吉安地区的水利建设影响极大。北宋之后，吉安出现了安福的寅陂，遂川的北澳陂、南澳陂，永新的袍陂等，各地百姓大受其利。

发明创造，是工匠精神的另一种表现。北宋天文学家曾民瞻改良的暑漏，对于古代天文学的发展，具有重要的创新意义。

曾民瞻，字南仲，永丰县人，宣和三年（1121）进士。他出身于书香门第，其堂兄曾元忠，爱好天文和历法，撰有《天文图》《春秋历法》《古今年表》等著作。他自幼聪明好学，受堂兄影响，尤爱天文，常在夜间观察天象，甚至彻夜不眠。不论严寒酷暑，从不间断。他被朝廷任命为南昌县尉，管的是治安。在工作中，发现县里的暑漏计时有误差，决定根据平素观察数据，试制一种更为精密的晷漏计时。

曾民瞻根据当地的经纬，观察天空星象，测量四季日影，注意朔望月形，研究天体变化规律，精确计算贮水器皿容积，以及漏水孔洞大小。掌握了准确时空数据后，他又用铜、木材等材料，制成铜壶、铜盆、铜斛、铜虬、铜钲和木箭、木偶等部件，配上机关，涂上釉彩，组装成一种新的晷漏。这种晷漏不但计时准确、外形美观，而且应用方便。就当时来说，科技和工艺水平都达到了新的高度。

曾民瞻创新的晷漏制造方法，在《南宋书》《永丰县志》和《吉安府志》中均有记载。具体做法是：范金为壶，刻木为箭后，置二脚二斛，壶之水资于盆，盆之水资于斛；其于注水，则为铜虬张口吐之；箭之高为二木偶：左者昼司刻，夜司点，其前设铁板，每一刻一点则击板以告；右者昼司晨，夜司更，其前设铜钲，每一晨一更则鸣钲以告。又为二木图：其一用木荐之，以测晷景；其一用水转之，以法天象。

遂川古称龙泉，自古以来是杉木、毛竹的主产区。在17世纪40年代，即明崇祯年间（1628—1644），首创木材在商品流通中以码两计价的方法，泉码由此而得名，继而在全国通用，成为长江流域或杉木产区公认的木材计量标准，是世界上最早的原木材积表。

原木材积表发明者为当地的郭维经（1588—1646）、郭明珠父女，他们巧妙地运用木材交易中常用的估堆、秤称等办法，摸索总结出原木材积表。具体方法是用丝线代表条木，以线段长短表示材积之大

郭维经雕像

小，又将杉木正木（规格材）最小年龄的径级定数为1，最大年龄的径级定数为60，用60根长短不一的丝线，分别表示60个不同径级的杉木，由小到大依次组合成一个"甲子"。把在某一年龄段的上限时，材积增长速度有个突变的规律作为"转贯"。经过仔细测试和反复实践，将60种材积不同的杉木，划分为8个码名、120个等级。再把木材计量浓缩为斤、两、钱、分，从而确定出码价等级。

这种方式操作简便、计量公平，只需量出木材体积乘以当时木材行情价格，便能完成交易。比以前看堆估价换算更透明，计价也更合理，林农与木材商都不会觉得吃亏。它比国际公认由德国人发明的柯达山毛榉材积表，要早150年。

文以载道、书传千年。编书写书，看似简单，实则繁杂。能世代留存的书籍，一定花费了编者或作者不少心血，沉淀智慧结晶，融汇工匠精神。解缙和曾安止，就是在著书领域颇有建树的庐陵历史名人。

解缙（1369—1415），字大绅，号春雨，吉水县人。洪武二十一年（1388）进士，明代著名文学家、内阁首辅。他主编的《永乐大典》，是世界上最早也是体量最大的百科全书，比著名的《大英百科全书》还要早300多年。全书正文22877卷，凡例与目录60卷，分装成11095册，字数3.7亿左右。

解缙组建了专门机构，拟定详细计划和编纂体例。先是颁令全国各地，把所藏图书文献，以及所收集的民间藏书一同上交朝廷。又选

解缙雕像

调了 147 位名儒学士集中办公,对图书资料分类整理。花了一年时间编成的样书,朱棣看了,觉得太简略,要求扩大规模。

第二年,朱棣增派太子老师姚广孝、礼部尚书郑赐为监修官,协同编书。朝廷向全国征调了 2100 多位儒士参加,总部设在文渊阁。这项浩大工程,由解缙任总指挥。他重新拟出计划,制定详细的纲目和凡例。其领导的庞大编辑队伍当中,设有总裁 5 名、副总裁 20 人,以下为纂修、编者和抄录人员等。

天下的图书资料包罗万象、纷繁杂陈,怎样才能科学分类整理,成书后又便于查找呢?没有现成之法可参照。解缙便同编辑官员们反复商定,最终决定采取"用韵以统字,用字以系事"的全新方法来编辑。即编目所列的字,按《洪武正韵》韵目次序排列。每个单字以下,分天文、地理、人事、名物、文艺等类别。所辑录材料,大多数依据原书整段、整篇甚至整部收入,这样,就不会遗漏,又能保持原貌。

经过 3 年的艰苦劳作,《永乐大典》于永乐五年(1407)11 月完稿。这部举世无双的大型类书,辑入图书七八千种,内容包括经史子集、佛道、文艺、医学、工技、农艺、志书等方面,完整地保存了明代所能搜集到的古典文献。

朱棣对编纂工作很满意,亲撰《序言》,赞曰:"包括宇宙之大,统会古今之异同,巨细精粗,粲然明备""上自古初,迄于当世,旁搜博采,著为奥典。"

庐陵的水稻栽培技术,为中国古代农业文明作出了突出贡献。

北宋农学家曾安止(1048—1098),字移忠,号屠龙翁,泰和县人。

熙宁六年（1073）、九年（1076）两举进士，后知彭泽县。他热爱农事，对各种农作物有浓厚兴趣。在43岁时，朝廷准备提拔曾安止为江州司马，他却以眼病为由弃官回乡，专心研究农学。

曾安止画像

　　曾安止广泛参考前人研究成果，虚心向老农请教，并收集了大量水稻优良品种。不论天气多么恶劣，都坚持深入田间，观察各种水稻的生长规律。他蹲立稻田，如饥似渴地阅读一篇篇锦绣文章：一粒稻谷，就是一枚饱满的文字；一串稻穗，就是一个沉甸甸的段落。山川寂静，天高风长，唯有稻谷在悄然收藏着他与大自然之间的约定。稻谷是时间的容器，它让时间居住在身体里，不动声色地馈赠研究它的人。

　　经过五年的夙兴夜寐，费尽心血，直至双目失明，曾安止终于完成我国最早的一部水稻品种专著《禾谱》。书中详细介绍了泰和及江南各地50多个水稻品种的名称、特征、性能、来源、栽培技术、管理方法等内容，甚至明确了播种、插秧、收割的具体时间，内容和写法都有创新。

　　这部可与贾思勰的《齐民要术》相媲美的中国农业科技文献，语言流畅，记事翔实，对江南地区的农业发展起到不可估量的推动作用。苏东坡读了《禾谱》后，啧啧赞叹，特作一首《秧马歌》赠给曾安止，以表达内心的钦佩之情。元代大农学家王祯在

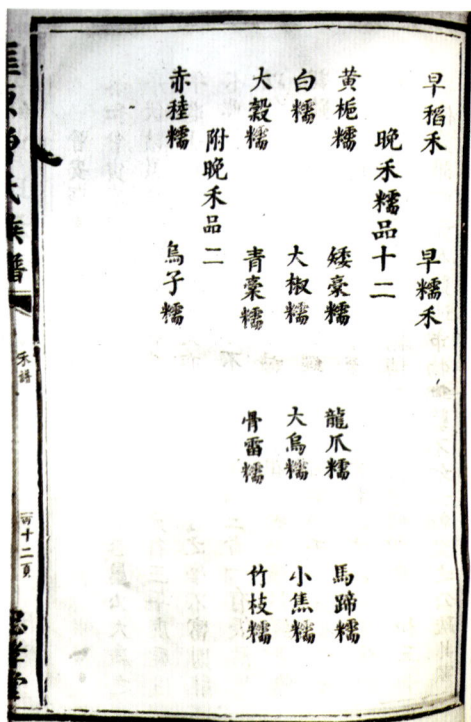

曾氏族谱中记载
的《禾谱》

写《农书》时，就参考了《禾谱》。《四库全书总目》和现代学者编辑的《中国农书目录》，都提到《禾谱》，充分肯定其农学价值。

在地图编制、国画创作和创新地名学等方面，也能体现高超技能，凸显工匠精神。罗洪先、曾巽申、郭子章这三个人，就是这些方面的佼佼者。

罗洪先（1504—1564），字达夫，号念庵，吉水县人。明代著名理学家、地图学家和思想家。他于嘉靖八年（1529）高中状元。入朝当了数年文臣后，因上书言事而得罪皇上，被罢职回乡。从此，在吉水石莲

吉水石莲洞

洞研究阳明心学，在全国影响很大。

　　他绝意仕途，权相严嵩"以同乡故"举荐他做官，他力辞不就。
50岁以后，他开始研究地理天文。舍弃了官衔利益的纸醉金迷，他
从此真正拥有大地般辽远的胸襟、高山流水般超凡的情怀。

　　多年来，罗洪先游历全国山川，感觉各地郡县之间的联络、山川
地势等，没有较为精确的地图为据，不利于交往。他于是找来元代朱
思本编制的一张全国地图《舆地图》，发现一些明显缺点：一是太大，
长宽七尺，不便携带；二是山川、道路、行政区划用字标记太繁杂，

罗洪先雕像

不易查找；三是远近比例不太精确，方位也不很清楚。

在《舆地图》的基础上，他改进内容，扩充篇幅，并对疑点及错误之处，实地考察核实。历经十余载，终于编成中国有史以来第一本分省地图集《广舆图》。

这本《广舆图》，首次把明朝疆域政区以省为单位分列。首页为总图，后为17个省区，装订成册，便于流传。它首创了24种新式图例，每个实例都有专门的图案、符号、标志，看图者对山川、湖泊、道路还有府、州、县、卫各级行政区位及距离远近一目了然，且每幅图背面，都附有图表叙述和解读，以补充说明这个省区的沿革、形胜、各级行政区范围大小。

令人惊叹的是，《广舆图》中省区方位、大小精确度很高，与如今实例地图大致吻合，这与罗洪先知识广博、态度严谨、作风扎实以及创新创造精神密不可分。

《广舆图》问世后，在国内外产生重要影响。不仅中国人绘制的地图以它为蓝本，就连西方人所绘制的中国地图也都根据它来摹绘。它改变了西方人对亚洲东部沿海的模糊认识，使其对中国的地貌有了较为准确的认识。这对推动国际地图学的发展，起到了巨大作用。

谈完地图，再谈国画。让我们重温美轮美奂、让人叹为观止的2008年北京奥运会。在这次奥运会开幕式上，运用了高科技声光电手段，梦幻般展示了五幅精彩绝伦的中国画长卷。其中的一幅，就是曾巽申绘制的《大驾卤簿图》。

曾巽申（1282—1330），永丰县人。他从小聪明好学，对丹青艺术情有独钟。二十来岁就创作出《郊祀礼乐图》5卷、书30卷等书画作品，得到朝廷上下的一致称赞。连皇帝都亲自接见了他，任命他为大乐署丞。

他虚怀若谷，向宫廷前辈画家学习请教，反复研读宫中所藏的名画，令自己才艺倍增。延祐元年（1314），他任翰林国史院编修。

卤簿，用现代语言来描述，就是国家首脑重大国事活动的规程，是集仪仗队、军乐团、舞蹈表演、车辆服务、交通安全、治安保卫等于一体的仪仗制度，视国事活动的级别而区分实施。其作用是保障帝王及随员安全、显示皇帝至高无上的权威、展示尊崇的礼仪等级、显示国家的综合实力。

在参与朝廷各种仪仗活动，如皇帝出巡、祭祀之后，曾巽申灵感迸发，开始构思这方面内容的国画作品。他废寝忘食、几易其稿，终于用丝绢绘制成《大驾卤簿图》。

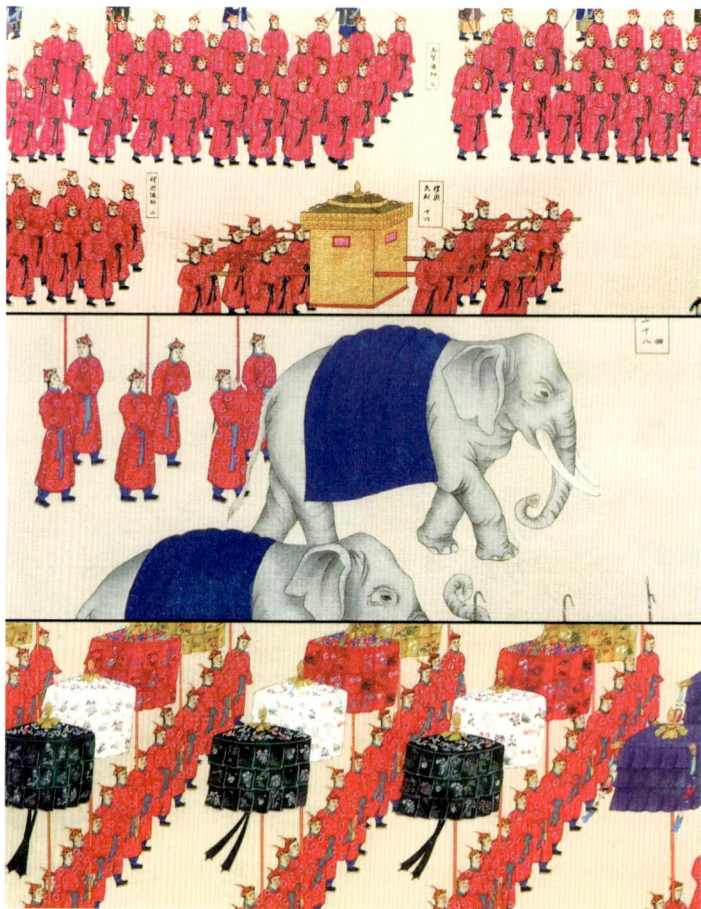

元代曾巽申《大驾卤簿图》（局部）

　　画卷纵 51.4 厘米、横 1481 厘米，共绘人物 5181 个、车辇 61 乘、马 2873 匹、牛 36 头、大象 6 头、乐器 1701 件、兵仗 1548 件。其构图繁复、描绘精致、运笔谨细、手法创新，彰显了大国气度，可与北宋著名画家张择端的名画《清明上河图》相媲美。

郭子章（1543—1618），字相奎，号青螺，泰和县人，明隆庆五年（1571）进士，他敢为人先，完成了《郡县释名》一书。

当时，人们尚未认识到地名价值。郭子章有感于《汉书·地理志》《续汉书·郡国志》对郡县名解释过于简略，千年来没有人对其进行补写修改的遗憾，以数十年之功写就26卷《郡县释名》。万历中后期，全国1682个政区地名中，郭子章就阐释了1411个，阐释率高达83.9%。他开创了我国集中阐释县名的先例。此后，民国时有山东人吕式斌撰写的《今县释名》，当今有史学家史为乐主编的《中国历史地名大辞典》。到了20世纪70年代末，我国启动第一次全国地名普查，郭子章的地名学开始逐渐被学术界所接受，《郡县释名》的地名学价值也得以充分彰显。地名与生产生活密切相关，涉及政治、军事、国防、外交等诸方面，郭子章书中所反映的地名文化价值就显得十分突出，成为建设具有中国气派地名学学科的坚实基础。

巍巍井冈，悠悠庐陵。斗转星移，精神不朽。从古至今，工匠精神都是时代的强音，展示的是一种民族自豪感和民族自信心。

曾获全国五一劳动奖章的宁星星，是井冈山市经开区木林森实业有限公司的一名工程师。劳动创造世界，奋斗书写华章。在扎根设备维修一线的10多年间，他始终怀揣成为一名新时代"大国工匠"的梦想，以庐陵先贤为学习榜样，不断超越自我，开拓创新，与时俱进，最终华丽转身，从一名普通维修技术员，变为"身怀绝技"的维修达人。他用爱、用心、用情诠释着劳动之美，也昭示着从古至今，"工匠精神"始终在吉安这片沃土接力传承。

三、力纠旧弊的经济革新

　　吉安的经济，宋明时期大多时间位居全国的上游。宋时，吉安被列为全国 32 个重要口岸城市之一，为江南主要的商贸重镇和物资集散枢纽，这里为朝廷供应了十分之一的贡粮，制造了占全国六分之一的漕运粮船。明清之际，更是吸引各地商人设立会馆。到清代中晚期，庐陵城内竟然有 24 个各地商人会馆，真是热闹非凡。

　　物阜民丰、商贾如云的贸易热土，培育了庐陵人开拓创新、敢于变革的思想观念。至今，民间仍流传着周扶九、胡品高、胡元海、萧云浦等巨贾豪商的传奇故事，也流传着周忱和李全仁等人实施经济革新的动人传说。

　　周忱，为翰林院庶吉士，入文渊阁。他在朝廷中默默从政 20 年，任刑部主事、员外郎等职。近 50 岁时，在"天下财赋不多，江南为甚"的困难之际，才由内阁要员、大学士杨士奇举荐，迁升工部右侍郎，巡抚江南诸府，总督税粮。

　　他巡视江南之时，各种社会矛盾激烈。江南各府，税负比其他地方重，不少农民因此逃往别处，导致许多田地荒芜，税收年年拖欠，严重影响国库收入，光是苏州一郡就欠税粮 800 万石。

　　千钧重担在肩，他四处调查访问，以苏州为重点，召请父老问明欠税之因，得知主要缘于税粮负担不合理，靠耕种官田的佃农负担过重，而那些富豪滑吏掌管地方税粮征收大权，转嫁税赋，造成佃农逃亡，税粮缺额。

周忱采取措施，制订"平米法"，规定各府官田、民田征税平等，加耗平均，使负担合理公平。又请朝廷下令工部发铁斛至各县，作为收粮标准器具，革除粮头大斛入小斛出的弊端，还下令各县设置粮囤，收粮时派官员监督，防止粮头作弊。

宣德七年（1432），江南丰收，周忱下令各府县平价籴米以备荒年。国家掌握更多的粮食，就能以丰补歉，抑制市场粮价。那些外出逃荒者见此宽松的环境，纷纷返家耕田。

朝廷征收税粮中的漕运，需使用许多劳力和畜力，花费很多时间，民众十分辛苦，政府也要付出不少开支。明朝初，由江南漕运的皇粮数为300万石，以后逐步增多。明成祖迁都北京后，江南漕运皇粮入京数增加，路程更长，花费人力、财力也更多。原采用的是支运之法，即官军与百姓各负责运输一半。军船给官军使用，百姓只好花钱租赁船只运粮，加上各种损耗，每运一石米，要付出比原来多一两倍代价。

这种不合理的管理制度必须改变，于是周忱采取新的调运办法，改"支运"为"兑运"。就是江南税粮先由民船运至淮安或瓜州河岸交兑，再由官船加上少量转运费运至通州，凡在邻近淮安、瓜州两地交兑的，所有资费由政府支给，途中所造成的损失，则由州县支给粮米补贴。这样就减轻了农民负担，省得长途奔劳，又节省了漕运费用。

另外，每年由民间运往南京、北京的马草运费、杂费开支很大。周忱改原来的马草运输为每束马草折银三分，交纳官府，用以就地买草。此办法与今天实行的公粮折款征收和以资代劳颇为相似，有效节省了开支，避免了运输损耗。

李全仁，是晚清时期今吉州区樟山镇文石村商人李彩章的长子。他诚信为本，勤俭从商。在四川宜宾以布店起步，创建大型商场"义兴号"，营销川漆、桐油，以及经长江运入的丝绸、湘绣、茶叶、食盐等。见生意越发红火，他便谋划在长江沿线口岸开设"义兴号"分号。

为解决资金问题，也为了带动乡亲共同致富，李全仁打破传统经营禁锢，创造性地建立了族亲入股制度。规定凡文石李氏，按人头不论资金多寡都可入股，年终分红得利。全村老少对李全仁的才能与品格信任有加，纷纷投资入股。这是近代民企股份制的开端，对后世民营企业的经营产生了重要影响。

有了乡亲支持，"义兴号"迅速扩张，在汉口等多个长江口岸城市开设分号，生意逐渐扩展到杂货、旅馆、钱庄等领域，成为名噪江南的大型商贸集团。

当前，吉安市努力学习周忱力纠旧弊、力改陈规的气魄，倡导李全仁诚信为本、亲邻友善的家风，大力发扬新时代的企业家精神，敢为人先、追求卓越，聚焦打好重点改革攻坚战，锚定目标、聚力攻坚，全市经济改革取得突破性进展和标志性成果。

四、尊重人性的社会革新

基层单位，是一个国家、一个社会的基本单元，像是一个人体的基本细胞。

如何激发基层的活力，从而有效调处公共事务，化解社会矛盾，应对社会风险，保持社会稳定，实现公共利益最大化？这是一个古往今来的永恒难题。

在这方面，庐陵先贤何心隐和寓贤王阳明，就以庐陵为试验场，以除旧布新的超前理念，对基层治理进行了卓有成效的探索。

何心隐（1517—1579），本名梁汝元，字桂乾，号夫山，嘉靖二十五年（1546）举人，永丰县人。因受泰州学派思想熏陶，执意回乡传道讲学。

他认为，仁者对人无有不亲，崇尚泛亲论，这是对封建传统伦理道德的挑战。他秉承人道主义精神，认为人人应"以仁为广居、以义为正路"。只有这样，方可"操其才、养其情、平其气、存其心"。因而，在他看来，个体的才、情、气、心，都是仁义。就个体的外在关系而言，他认为仁义是个体向外发展的基础，最大的仁是无所不亲，最大的义是无所不尊。人与人之间的关系，是建立在亲亲和尊尊基础上的。而亲亲与尊尊的对象是平等的，凡是具有生命的个体，都应得到亲亲和尊尊。

何心隐眼中理想的社会形态，是建立在讲学基础上的社会。他在家乡组建聚和堂，希望构筑一个人人享有受教育权利、经济管理民主、族人和睦相处、同甘共苦的乌托邦社会。

在宗族社会的生产与经济管理上，全族设率养（主管）一人，下设辅养、维养若干人，协助率养处理日常事务，为第一层管理人员。族人不分贫富贵贱，也不分辈分房次，丧葬婚嫁，均统一操办。道路修筑、祠堂等公用房产维修费用全族共同负担，统一安排。第二层设12人管粮，每年轮流换人，按四季八行履行职责。第三层设72人征粮，上缴国家税赋，由聚和堂按田亩总数计算统一缴纳。所有管理人员都不脱离生产，无任何特权和额外利益，属于为公众尽义务。这样一来，人人享有平等的权利，也有承担公共事务的义务。这种权力架构既减少了矛盾，也减轻了负担。

在教育管理上，何心隐认为要体现公平公正原则。全族设一所总学堂，设率教（校长）1人，下设辅教、辅养各2人。全族适龄儿童不分贫富，均入学读书。教师按学生人数定数量，实行聘任制。学生入学后，一律在校寄宿，除节假日外不得回家。学制10年，每3年为一个学习层次，学完10年为大成，可毕业并可完婚。学校制度很严，不准调戏异性，不贪美食，不穿艳服，不讲污言秽语等，违者处罚。办学所需经费，包括教师工资，在族里的公田收入中支付。学生只出伙食费，贫者则由公家补助。

在400多年前的封建社会，何心隐勇敢地进行社会改革实践，十分罕见。其社会革新思想，是几千年来封建社会冻土中吐绽的绿芽，尽管娇嫩，却折射出不灭的人性微光。其推行的人人平等的社会制度，比西方空想社会主义设想还要早300年。他，不愧是明清思想解放运动的先驱。

王阳明（1472—1529），名守仁，浙江余姚人。曾结庐隐居于会稽山阳明洞，自号阳明子，世称阳明先生。

明正德五年（1510），正当"乱花渐欲迷人眼，浅草才能没马蹄"的时节，他一路跋山涉水，来到吉安府就任庐陵县令。

他了解到当地百姓深受镇守中官的剥削，民不聊生。历史学者方志远在《明代的镇守中官制度》一文中写道："镇守中官是中国地方政治制度史上的一个奇特现象。明朝从成祖永乐时开始，向边镇派宦官，称'镇守内官'或'镇守中官'。到宣宗宣德年间，内地各省也遍设中官，地位在巡抚文官和镇守武官之上，并专门搜刮地方特产，向皇帝进贡。"

为此，王阳明撰写了《庐陵县为乞蠲免以苏民困事》，呈报吉安府和江西布政使司，恳请当地的镇守中官免除过重税负。大概是一向刚正不阿、做事执着的秉性早已被人所熟知，当时的江西镇守中官竟然默许了。

王阳明的威望一下子树立起来了，但也引发了一些人连鸡毛蒜皮之事也要诉之县衙的问题。这些人常纠结不明真相的群众掺杂其中，企图扩大事端，造成混乱。

于是，王阳明撰写了备受好评的《告谕庐陵父老子弟》。在这份告示里，他表达了为百姓解决问题的诚意，劝告百姓不要闹事，否则只会招来官府惩罚，也无法解决问题。如有冤屈，就有秩序地呈表上报。

单凭一张告示并不能解决深层次问题，他开始制定一整套措施，以教化人心。他将已基本停用的申明亭和旌善亭重新兴建。本地做了坏事或受到法令制裁的人，在申明亭公布其姓名及偷盗、不孝等方面的劣迹；凡是做了善事、好事的人，如见义勇为、助人为乐等，在旌善亭公布其姓名和业绩。他提出，里老（相当于现在的乡村干部）要担负起教化乡民之责，积极调解田土、用水等纠纷。各户主也要守土有责，管教好自家子弟。对已名存实亡的里甲制度，亦重新恢复，以强化基层的治安。规定县城内十户为一甲，乡村以各村为单位，甲里长负责辖区内的民事纠纷调解。户与户之间互联互防，如遇贼盗或突发事件，要相互救援。来了生人，要及时向甲里长报告。这样，各家各户就形成一个相互制约、相互影响的大单元，可相互帮助、相互支持，大大减少了斗殴、偷盗等事件的发生。

通过百姓这种自我管理、自我约束的方式，地方社会秩序有了很大改

青原山阳明书院

善，民风也趋于淳朴。

王阳明还设身处地为民着想。他发现，县城房屋建材大多为木料，尤其是后河两边板房商铺林立，巷道狭窄且无砖墙相隔，一旦失火，将面临灭顶之灾。于是他发布命令，要求临街民居退后三尺，拓宽街道用来做防火带，以疏散人口；店铺退后二尺，作为防火巷；每户出一钱银子，统一安排，用来建防火墙，以确保失火时可有效隔离火势。此举损害了有些人的切身利益，让他们产生抵触情绪。王阳明便带着衙差和里长，挨家挨户去宣传解释，对个别"钉子户"则采取强制手段。

防火带、防火巷、防火墙的建成，大大降低了县城发生火灾的风险，民众无不拍手称赞。

王阳明在任七个多月，主要做了七件事，后人称为"庐陵七政"。庐陵，是其"仁心教化""知行合一"思想的首践地。当时的庐陵，疾疫、旱灾、火灾频发，各种民困交替出现。他迅速进入角色，先后发布16个告谕，取消葛布银、建造防火道、推选里正三老调解纠纷、向灾区派出医疗队和慰问组等，以心交心，以心换心，春风化雨，民风随之焕然一新。

王阳明去世后，其好友湛若水在为阳明先生所作的墓志铭当中，提到王阳明治理庐陵之绩，认为"百务具理"。从治理效果来看，这完全符合当时的实际。

民为邦本、为政以德，是悠悠5000多年中华文明史绽放出的智慧之花，也是中华儿女集体智慧的结晶。何心隐、王阳明等人的基层治理观念，当然也汲取了这些智慧结晶中的养分。

岁月如歌，思想永恒。习近平总书记指出，"各地区各部门要敢于担当，积极有为推进改革攻坚""困难要一个一个克服，问题要一个一个解决，既敢于出招又善于应招，做到'蹄疾而步稳'"。

当今中国的改革，已进入深水区和攻坚期。深水区凸显一个"险"字，攻坚期凸显一个"难"字。唯其难，更需只争朝夕、锐意进取。步子不快、动力不足，就难以闯过激流险滩，不进则退。唯其险，故需审时度势、谋定而动。步子不稳、后劲乏力，改革就会打乱节奏、失去章法，甚至出现大的颠簸。把时不我待的干劲与静水流深的稳劲结合起来，才能积小胜为大胜、积跬步致千里。

深化改革是一场长跑，不可能一蹴而就、一劳永逸，不要奢望所有问题朝夕解决，更不能急功近利地一味蛮干。保持耐力，就要兼顾当前与长远，展现功成不必在我的襟怀，咬定青山不放松，一张蓝图绘到底；就要充分考虑可行和可能，做到积极稳妥、规范有序。

行百里者半九十。习近平总书记反复强调，距离实现中华民族伟大复兴的目标越近，我们越不能懈怠，越要加倍努力。把"胆子要大"和"步子要稳"结合起来，养好后劲和耐力，在深水区中流击水，在攻坚期迎难而上，我们定能推进改革航船驶向更宽阔的水域。

当前，吉安正锚定"三区"战略，打好"十大攻坚战"，所面临的任务都是硬骨头，都是新探索。新时代、新征程，各级干部应充分领会庐陵文化中革故鼎新的精神内涵，切实担负起逢山开路、遇水架桥的历史重任，敢涉改革"深水区"，敢打发展"攻坚战"，引领庐陵儿女对奋斗目标坚定执着、对攻坚克难勇于担当，走在前、勇争先、善作为，凝聚起深化改革谱写中国式现代化吉安篇章的精神动力。

第五章

守信向善

　　"守信"和"向善"都是中华民族的传统美德，源远流长。《说文解字》中这样释义诚信：以"诚"与"信"互训，强调诚实无欺、言而有信的行为。"向善"则源自儒家思想，强调修养道德、引导良俗。庐陵先贤向来推崇"诚外无物"，视诚信为千金不易的可贵品质，对诚信的执着与坚守，已深深渗透于庐陵人的精神血脉，成为庐陵文化的精神因子。与善同行，庐陵先贤向上而生，向善而行，向心而暖。推进一切向上向善意愿的传承，一切向上向善情感的传递，一切向上向善行动的汇聚，从而相互传递爱心和善举，在全社会中形成奋发向上、崇德向善的浓厚氛围。诚信为人的欧阳修、诚实可靠的庐陵商帮代表周扶九，他们坚持诚信为本，不断夯实庐陵精神内核；仁心爱民的楷模周忱等人，他们秉承仁心待人的初心，坚持温润庐陵精神最醇厚的特质；欧阳修的母亲郑氏、陶侃的母亲湛氏、杨士奇的母亲陈氏，他们尽心尽责孝悌传家，努力赓续庐陵最美家风；兴修槎滩陂的周矩、构建望烟阁的吴炤、为还金钏差点误考的彭教、大慈善家康文卿，他们一路向善而行，倾情铸就庐陵精神最美姿态。

一、诚信为本

古汉语中，"诚"与"信"意义相通。《说文解字》中的解释是"诚，信也""信，诚也"。作为立人之本、齐家之道、交友之基、为政之法、经商之魂，诚信文化是庐陵文化的重要组成部分，一直延续至今，并随着时代发展不断演进。

皇祐四年（1052）五月，范仲淹卒于徐州任所，享年 64 岁。范仲淹是庆历新政的主持人，欧阳修是他坚定的支持者。他们彼此相知，同进退、共患难，结下了深厚的友谊。这年七月，范仲淹家属致书欧阳修，希望"以埋铭见托"。欧阳修深感自己"平生孤拙，荷范公知奖最深"，为范仲淹撰写神道碑铭是义不容辞的事情。但也是一件光荣而艰难的任务。说它光荣，是家属对他的信任；说它艰难，是因为不能给人多势众的保守派留下可以攻击的把柄。"敌兵尚强，须字字与之对垒。"宋叶梦得在《避暑录话》里写出了当时的实情。欧阳修在给同为改革派好友韩琦的信中也解释说："范公人之云亡，天下叹息。昨其家以铭见责，虽在哀苦，义所难辞，然极难为文也。"在给孙沔的信中则写道："昨日范公宅得书，以埋铭见托。哀苦中无心绪作文字，然范公之德之才，岂易称述？至于辨谗谤，判忠邪，上不损朝廷事体，下不避怨仇侧目，如此下笔，抑又艰哉！某平生孤拙，荷范公知奖最深，适此哀迷，别无展力，将此文字，是其职业，当勉力为之。更须诸公共力商榷，须要稳当。"

为了写好这篇神道碑铭，欧阳修可谓是煞费苦心，他强忍失母之痛，字斟句酌，又请范仲淹生前挚友富弼、韩琦等补正差误，前前后后琢磨了十五个月之久。欧阳修这辈子给许多人写过神道碑、墓志铭，这篇碑文撰述难度之大、费时之长，绝无仅有。碑文写好后，欧阳修也自认为"任他奸邪谤议，近我不得也。要得挺然自立，彻头须步步作把道理事，任人道过当，方得恰好。"

可让欧阳修万万没想到的是，这篇碑文没有招致政敌的攻击，却引来富弼和范仲淹之子范纯仁的不满。矛盾的焦点在于宝元元年（1038）西夏战事爆发之后的一段史实。关于这件事，欧阳修是这样写的："自公（范仲淹）坐吕公（吕夷简）贬，群士大夫各持二公曲直。吕公患之，凡直公者皆指为党，或坐窜逐。及吕公复相，公亦再起被用，于是二公欢然相约，勠力平贼。天下之士，皆以此多二公。"

永丰沙溪西阳宫

这里讲的是怎么回事呢？原来康定元年（1040）元昊直犯延州，范雍急忙调兵遣将驰援。于三川口与夏军遭遇，兵败，二将被俘，宋廷舆论大哗。在这样的背景下，朝廷才派范仲淹按边。范仲淹唯恐时任宰相吕夷简掣肘捣鬼，于是致书吕夷简，引咎自责，以释宿憾。但其中的是非曲直，满朝文武心中自有一杆秤，看在眼里，记在心里。随后，西夏战事爆发，吕夷简再次入相，范仲淹受命为陕西经略安抚副使。外敌当前，不受命则已，一旦担当起国家兴亡的重任，将相哪能不同心共事？于是，范仲淹以国家利益为重，主动与吕夷简和解，赢得朝野上下一致好评。

欧阳修认为碑志类传记性文字，只有做到秉笔直书，实事求是，才能取信于后世。何况大敌当前之际，与政敌握手言和，摒弃前嫌，更能表现范仲淹作为一位杰出政治家以国家为重的胸怀与气度。欧阳修公允不偏地记下了这段往事。可是富弼、范纯仁等人却不能接受这种观点。范纯仁直接说："我父亲从来就没有和吕某人和解过！"他甚至要求欧阳修修改这一段文字，欧阳修很生气，说："这些都是我目睹的事实，你们年轻人哪里知道？"

因此，他坚决拒绝改写。范纯仁便自作主张删去20字，才刻石埋铭。欧阳修闻知此事，十分气愤地说："这不是我的文章了！"

诚信做人，这就是欧阳修坚持的操守。

"一个包袱一把伞，跑到外地当老板"。这是庐陵商帮的真实写照。庐陵儒家文化底蕴深厚，两宋时期就被称为文章节义之邦，明清时期素有"家孔孟而人阳明"之誉。商人们在儒家传统思想的氛围中成长壮大，"仁义礼智信"早已贯穿于商业文化与商业理念中。自古以来，庐陵商人十分注重诚信，儒家的道德规范为商人们所共同遵守，如有不讲信用违背道德的行为，经商帮查实，小则责其整改，大则被孤立。

庐陵商帮凭什么驰骋商业江海而享誉商界的呢？下面摘录几段庐陵商帮的生意经。

物聚则散，天道然也，且物之聚，怨之丛也。苟不以善散之，必有非理以散之者。

修合虽无人见，存心自有天知。

内言不出，外言不入；周旋中规，折旋中矩。

守柜台未言先含笑，等顾客销货礼在前。

做生意不可失去信用，为名誉宁可失去金钱。

背绳求曲尽失法度，置商法不顾必蹈图圄。

同伙同心，黄土成金。

从这些口口相传下来的生意经里，我们不难发现，在从商的过程中，庐陵商人吃苦耐劳、艰苦创业、不避艰险、勤俭持家，极具信义色彩。他们遵守"诚实守信、以义取利"的理念，不卖假货、劣货，不抬高物价、欺行霸市，践行了"和气生财，公平待客"等一系列道德要求。

"厚德实干，义利天下"可谓是庐陵商帮精神。

说起周扶九，吉安人都知道他是清末民国初时期的全国首富。周扶九（1831—1920），名鹃鹏，字泽鹏，号凌云。吉安县人。清咸丰年间（1851—1861），从25张盐票起家，成为富商，到了民国初年，其家资有

民国首富周扶九

3000余万银圆之多。在上海、汉口、扬州、芜湖、长沙、湘潭、常德、南昌、吉安、赣州、大通、泰兴、南通都有他的房屋、店铺。上海长春里，汉口五常里、汉润里，几乎整条街都是他的商店、盐号、钱庄。其营业之杂，范围之广，发财之速，被传为商界奇闻。

周扶九做生意，在选用人才上有他的独到之处：一稳、二久、三有源。所谓"稳"，就是办事稳重，诚实可靠；久就是在店里的服务时间长，有源就是和周扶九有这样或那样的渊源关系。周扶九尤其视第一条为"铁律"。据说，南昌昌记钱号副经理刘柳泉是吉安桐坪乡人，被召去上海见周扶九，周便注意观察他的相貌，审视他的动作。当看到刘柳泉坐得没有正形，还架起二郎腿，边谈边摇腿，周扶九不高兴地说："看你坐不端正，两腿相交，摇摇摆摆，好比风扫落叶，切宜忌之。"刘柳泉诚惶诚恐，立即表示以后一定努力矫正这些毛病。周扶九本想提拔刘柳泉来沪当经理，发现问题后果断放弃。

又有一次，周扶九到南昌，清晨走到他的店内。当时静悄悄的，只见营业员陈鉴臣独自坐在外柜看门。陈并不认识这位老东家，因此毫不介意。周扶九见陈面目清秀，举止淳朴，便借故与他攀谈，问长问短，故意出些问题考他，陈鉴臣对答如流。周很赏识，随即将陈由头等营业员升为经理。

做人做事坦诚、正直、可信，让庐陵先贤铸就了庐陵风骨，在历史长河里留下璀璨的光芒；让庐陵商帮夯实了事业之基，在激烈的商业竞争中树立了良好的口碑和信誉。

二、仁心待人

仁爱是儒家思想的核心，也是中华文明的根基。《论语·颜渊》记载："樊迟问仁。子曰：'爱人'。"《说文解字》中说："仁，亲也，从人二。"

生而为人，就得爱人，否则就失去了做人的意义。爱，是生命的完善。仁者爱人，人与人之间相亲相爱，这世间就少了许多的恨、抱怨和伤害。庐陵先贤正是从中吸取营养，化干戈为玉帛，使争斗平息。解纷争于无形，从而达到社会和谐。

　　在吉安许多古民居的窗棂、门楣的精美木雕中，我们经常可以看到一些寓意丰富的历史典故，比如民间广为流行的传统故事"提鞋追贤"，描绘的就是欧阳修提鞋追苏轼的故事。故事反映了欧阳修以仁爱之心，摒弃恩怨，爱惜人才，提携后生的风范。

　　宋嘉祐二年（1057），一代文宗欧阳修受命主持礼部贡举。他深知当时官场腐败风气盛行，于是决心借科举取士的机会，狠刹这股邪风。这年，正逢京城会试，举子们打听到主考官是欧阳修，便想方设法找路子、托人情、送礼物、拉关系。谁知，欧阳修早已吩咐随从，对来访的举子，一概谢绝入门，如有不听劝阻者，可以"酌情训斥"。许多辛苦登门拉关系的举子，只好悻悻而去。

　　一天下午，一位身材瘦弱的青年文人，来到欧阳修的府第门前，一见门卫便说："我是四川的苏轼，要拜见欧阳大人。"他一再请求，门卫仍不让进，欧阳修的随从张旺，从里面走出来说："欧阳大人已有明令：来访举子一概不见，你还是快走吧。"苏轼本是个清高之人，虽有朝廷大官的推荐信，但他不肯轻易拿出来，现事已至此，他只好掏出一封信来，请求张旺转呈欧阳修。谁料，张旺没看信件还算客气，一看信是张方平所托，竟火冒三丈，跳起脚吼道："滚，快滚！"

　　原来，欧阳修是庆历新政的热心促成者和积极参与者，而张方平却是守旧派的重要成员之一，两人政治主张不同。如今苏轼带了张方平的信来，张旺怎能不火冒三丈？

　　苏轼也不甘示弱，用四川话不客气地回敬了几句。张旺被气糊涂了，一手便将苏轼推倒在地上。苏轼忍痛爬了起来，气得大骂："你狗仗人势，

欧阳修雕像

天将灭你……"骂完又想：一个下人竟如此粗野无礼，他的主人肯定不是什么好人，由这样的人主考，我赴考有何用，不考了！苏轼昂首走了。

欧阳修听到门外的吵闹声，不知发生了什么事情，背着手出来问原因。张旺弓着腰笑嘻嘻地说："嘿嘿，大人，小的赶走了一个张方平的同党。"欧阳修一听，不由得沉思起来：张方平早已回乡，病得奄奄一息，谁还能与他同党……张旺见欧阳修沉默不语，立即呈上那封信，说："大人，您看。"欧阳修仔细看完信，两道浓眉一竖，怒斥张旺说："唉！你误事不浅！"赶忙追了出去。张旺丈二和尚摸不着头脑，愣愣地站在门口，好一阵子回不过神来。

原来，张方平在信中说：苏轼乃四川才子，文章超群，只是看破红尘，无意功名，经我苦苦劝说，才肯出山。自己已病入膏肓，不久于人世，万望欧阳修选拔贤才……欧阳修本是爱才如命的人，看了信怎能不激动异常？他与张方平的政治主张不同，他在临终前，向我荐举人才，所荐举的人肯定不一般。欧阳修顾不得自己年过半百和主考官的体面，看完信就急起直追。

苏轼边走边想：如今哪有识贤之人，还是回峨眉山隐居为好……忽然间，只听身后传来一阵呼喊："子瞻留步！子瞻留步！"苏轼转头一看，只见一位衣冠不整、胡子花白的老人，手提厚底官鞋，一瘸一拐地跑了过来，一见苏轼便喜得哈哈大笑。苏轼吓了一跳："天啊！我碰上疯子了！"他立刻飞快奔跑。还没有跑多远，又听到后面一阵马蹄声响，紧接着便有人大声喊叫："欧阳大人——欧阳大人——小心摔跤！"苏轼心里一震，啊？那提鞋追赶自己的老人是欧阳修！他立刻转身停住脚步，泪水夺眶而出。

原来，当时欧阳修一激动，哪里还记得叫张旺备马，后来在路上追赶时，厚底官鞋不好跑，为了争取时间，他干脆脱鞋去追。张旺在门口好一阵子才回过神来，悟出欧阳大人定是去追赶苏轼。想到欧阳修已是50岁的人了，怎能走得过年轻后生，于是张旺赶快备马追来。

苏轼歉疚地走到欧阳修面前，纳头便拜："欧阳大人，请原谅小生失礼！"欧阳修拉着他的手，亲切地说："你千里迢迢而来，一路多有辛苦，快请起！快请起！老夫差点误了大事。"

后来，苏轼考试高中。历经沧桑，苏轼终成国家的栋梁之材。

安葬于吉州区长塘镇陈家村的明代著名理财家周忱，也是位仁心爱民的楷模。他历经永乐至景泰五朝，累进户部、工部尚书，总理江南财政。尤其是他自宣德五年（1430）起任江南巡抚的20多年间，爱民惜民，勤政务实，改变了苏州诸府以往"人厌为农"的局面，使"人乐为农"，以致"民不忧而有余羡"。他以"治以爱民为本"的指导思想，巡抚江南。当时明朝已建立60多年，作为主要财源之地的江南诸郡，因税负过重而使无田少地的佃农流徙逃亡，造成大量农田荒芜，钱粮年年拖欠。周忱一上任便深入苏州民间调查，认为税粮负担不合理，靠种官田的佃农负担过重，加上豪富滑吏掌管税权，转嫁税赋才导致民逃田荒。通过深入的调研，周忱制定了"平米法"，规定各府官田、民田科税不变，但田主不管大户小户、富户佃户，征税一律，加耗平均。这样一来，贫苦农民的负担减轻了。他又请朝廷下令统一制发铁斛至各县，作为收粮的标准器具，革除了粮官大入小出的弊端，百姓深受其益。他还与苏州知府况钟研究后请朝廷下诏减轻官田租税，仅苏州府就减至 72 万石。

周忱雕像

百姓见税赋少了、公平了，纷纷回乡生产。他还主持兴建济农仓，米源是丰年由各府县平价买入积存粮，如遇群众生活艰难或灾荒，便给予救济。民工参加修堤疏河等水利建设工程，可领取口粮，无偿供给。这些举措，使农民能安心生产、安居乐业，人们称他为"周青天"。后因周忱的举措有损豪户的利益，他受到弹劾离任后，继任者把济农仓之粮收作公赋。后来，江浙一带遭灾发生饥荒，却无储备粮供应，人民怨声载道。人们怀念周忱，不少地方立生祠纪念他。为民造福的为政者，人民是永不忘怀的。周忱在历代文艺作品中被描绘成可亲可敬的清官，代代传颂。

三、孝悌传家

中国儒家极重孝悌，恰如孔子所说"立爱自亲始""立敬自长始"。

常言道："孝心一开，百善皆开。"孝是所有善中的第一善，一个人只有孝心打开了，对自己的父母尽孝，那么所有的善才能从内心激发出来，进而爱自己的兄弟姐妹，扩展到爱社会上的其他人。孝悌是做人的根本，有了孝悌的家风，家庭才能和睦。家和万事兴，和睦的家庭没有不兴旺发达的。有了孝悌的家风，人就自然懂得了为人处世的大道该怎么走，社会才会更加和谐。

《泷冈阡表》是欧阳修为追念先人、教育后代的一篇传世佳作，是庐陵家风家教的典范，是仁政爱民的标杆，是感恩养育的榜样，是初心不忘的期待。

"祭而丰，不如养之薄也。"表文中的这句话，是欧阳修呼唤"孝"回归的肺腑之言。百善孝为先，在父母长辈生前多行孝道，即使长辈过世后不用任何形式祭扫，也是众人眼中的大孝子。安葬父母再丰厚，祭祀的供品再多，也不如趁其在生之时，尽自己的哪怕是微薄的奉养义务。

庐陵先辈正是以孝为第一要义，传承着优秀的家风，进而形成无形的精神力量，润物无声、潜移默化着家庭成员的精神、品德及行为，故孝是培植庐陵人正确人生价值观的肥田沃土。

庐陵四位贤母的故事是值得我们铭记在心的。我国古代有一本蒙学读物叫《幼学琼林》，影响十分深远。书中有一个故事叫"截发筵宾"，说的就是陶母的事。陶侃长大后，湛氏鼓励他多交朋友，特别是要结交比自己优秀的朋友，学习别人的优点。她对儿子说对待朋友要真心诚意，实实在在，朋友才会信任你，帮助你。有一天下了一场大雪，陶侃的朋友范逵，带着三四个人路过新干看望陶侃母子。范逵是鄱阳人，很有贤名。朋友从那么远过来，陶侃当然高兴，见面后谈笑不断，母亲也过来烧水泡茶忙个不停，陶侃把母亲叫到屋外，很为难地说，家里没有那么多米，又没什么菜吃，怎么办呢？湛氏笑着说，你不要担心，只管去陪朋友聊天，留他们吃住，我来想办法。范逵见陶侃家里实在太穷，说不久待了，要继续赶路。湛氏连忙拦住说，下这么大的雪，天也差不多暗了，就安心下来歇息吧。范逵见陶母这样热情，也就客随主便了。湛氏出了门，想去邻居家里借点米和菜，可下雪天，人家也不一定有多余的东西。怎么办呢？她着急地撩了撩头发，灵机一动，有办法了。她把长长的头发剪下，用这一大把又黑又粗的头发，灵巧地编织成两条假发，拿到街上的店铺里卖了钱，再用钱去买些米和菜。回到家里她急忙淘米洗菜。可又有一个难题，煮饭的柴火不够用，外面下着雪，也不好现在上山砍柴。她叫儿子到楼上把木楼板撬开好几块，拿下来烧火煮饭。范逵等人见到后，感动不已，赞叹道，有这样贤德的母亲，一定能培养出贤能的儿子。母亲真诚待人的品格，深刻地影响了陶侃的一生。陶侃走上仕途后，凭着自己的努力，渐渐走上高位，直做到统领全国军队的大将军。

再说欧母郑氏，欧阳修踏上仕途后，郑氏经常给他讲父亲欧阳观认真负责对待每一件诉讼案件的故事。

欧阳观任泰州军事判官的时候，有一天深夜，欧母郑夫人听见丈夫摇头叹息道："这是一宗死刑案件呀，犯人很可怜，我想救救他，可是想不出法子来啊！"郑夫人犯疑了，试着问："能给这个犯人减刑吗？"欧阳观回答说："对于判死刑的案件，量刑时要极为慎重啊，既要按罪量刑，又要尽量考虑能不能减刑。经过反复斟酌，犯人确实需判死刑的，那么他被处决后在九泉之下也不会有遗恨，我也就不会有遗憾。如果马马虎虎地给犯人判了死刑，倘若误判了，那死者就遗恨千古呀！有些官员把可以从宽处理的人，也定个死罪，那样岂不是有更多的冤案了吗？"父亲做事谨慎的故事，被欧阳修牢记在心。

文天祥的母亲曾氏同样伟大，南宋咸淳十年（1274），北方的元朝丞相伯颜，带领20万大军，兵分两路向南宋进攻，直逼京城临安。南宋小皇帝只有几岁，大臣们人心惶惶，有的匆匆逃跑，有的地方官员和将领纷纷投降，形势十分危急。太皇太后很着急，向全国发出了一份《哀痛诏》，请各地官员组织军队来保卫朝廷，抗击元军。可只有两个地方官员声援，其中一个就是文天祥。文天祥时任赣州知州，他接到诏书后，决定招募士兵，组织一支救国义军。赣州、吉安一带的各路豪杰听说文天祥要组织义军，纷纷聚集在他的旗帜之下。文天祥又联络广东、湖南的义士，加入抗元的队伍。两个月时间，义军的队伍汇聚了数万人。随着义军的形成，困难也来了，军队要吃要住，还要配备武器和操练，需要大量的经费。朝廷自身难保，不要指望他们拨军费，只有自己想办法了。文天祥从州里府库中挤出一批钱，又动员富豪们出一些，但还是不够。他为这件事伤透了脑筋，回到住所，仍然闷闷不乐。母亲问他有什么事不开心，文天祥怕母亲担心，没说什么大事，母亲反复追问，他才说出了遇到的困难。母亲想了想，走进房间，拿着一个木盒子出来说，这里面是这么多年来，你父亲和你们兄弟姐妹送给我的金银首饰，放在家里也没什么用处，你拿去卖了，多少能值几个钱充军饷。文天祥说这怎么行呢？这是你一生最珍贵的东西，组织义军是公家的事，我们会想办法解决的。母亲笑说，国难当头，还讲什么私人公家，没有国哪有家呢？见母亲这样说，文天祥只好接受，把母亲的东西拿去卖了。送走了儿子，曾氏仍为他组织义军缺少钱而担忧，但一个妇道人家，又有什么办法帮助儿子呢？她很焦急，左思右想，家里能值不少钱的东西，就是老家富田传了几代的房屋和田地了。两个儿子当官后，又添置了一些家产。可把房产、田产卖掉，能买好多粮食武器给义军用。

留下几间房和几块地，能安身就行。她为自己的想法而兴奋。曾氏马上告诉家里人房产地产的文书放在哪个地方，委托家里人去办理出卖手续。几天后，曾氏把一大笔钱交给文天祥。当文天祥得知钱的来历后，大吃一惊，为母亲深明大义、公而忘私的精神而感动得热泪盈眶，这就是中国历史上著名的"毁家纾难"的故事。文天祥母子毁家救国的事情一下子传开了，影响很大，许多人出资捐物，支持义军。不久，浩浩荡荡的义军顺赣江而下，向北挺进，奔赴战场。

明初，杨士奇的母亲陈氏的故事也极其感人。陈氏出身书香门第，她知道"近墨者黑，近朱者赤"的道理，教导儿子多跟品行端正的人交往，不得接近游手好闲之徒。杨士奇小时就读的书舍设在一座寺庙中。他与一个小和尚玩得很好，母亲不在家，就带小和尚到家里来玩，后来一两个年纪大点的和尚也跟着来。又一次，杨士奇又带小和尚来家里，陈氏见了很不高兴，碍于面子，招待小和尚吃了饭。小和尚走后，严厉地对儿子说，你太不听话了，怎么能跟和尚玩呢？不是说僧人不好，可他们靠施舍过日子，是出家人，念的是佛经，图的是出世。你读的是圣贤书，哪个圣贤说了读书人要追求出世？再说，我一个寡妇，儿子带和尚来家里，人家一定会说三道四，说你没一点教养，败坏门风。杨士奇开始还争辩几句，陈氏更生气了，叫他在祖宗像前跪下，好好想一想这样做是不是对得起列祖列宗。杨士奇悔恨不已，再也不跟和尚交往了。

给杨士奇印象最深刻的，是母亲的仁爱和善良。陈氏带着儿女，省吃俭用，生活很清苦。但是，对村上的几个孤苦老人，总是尽力关心。

她经常跟儿子说，看人家多可怜，没儿没女的，还要自己种田养鸡，比我们苦多了。家里煮了点好吃的东西，常叫儿子送点给他们，有了新鲜蔬菜瓜果，也叫儿子摘一些送去。到了冬天，陈氏常叫儿子送些柴火给老人取暖。点点滴滴的熏陶，使杨士奇从小就有了仁爱的观念。杨士奇15岁时就去学馆教书，有了收入，生活好了些。他有个同学，家里贫穷，身体较单薄，做不了重活，连老母亲也供养不起。有一天路过学馆，就去看看杨士奇，说了自己的处境。杨士奇问了他学业上的事，比如"四书""五经"之类的，觉得他能胜任私塾教学。回到家中跟母亲商量，陈氏说看有没有别的学馆里要老师，你去打听一下，帮他介绍介绍。杨士奇托人去问了好几个学馆，都不要人，于是就把自己教的学生分出一半给他教。那个同学感激不尽。陈氏赞扬儿子做得好。

四位贤母的故事，是庐陵先贤传递孝悌的典范，更是赓续优秀庐陵家风的代表，可谓是孝悌传家久，亲恩满庭芳。

四、向善而行

孟子曰："水信无分于东西，无分于上下乎？人性之善也，犹水之就下也。人无有不善，水无有不下。今夫水，搏而跃之，可使过颡；激而行之，可使在山。是岂水之性哉？其势则然也。人之可使为不善，其性亦犹是也。"

向善而行，是人类永恒的追求。善良不仅是一种美德，更是一种力量，它照亮我们前行的道路，温暖他人的心灵。周矩、吴焰、康文卿等，一代代庐陵先贤，无不用善良之心去温暖这个世界，照亮社会前行的道路。他们用善举义行去教化、倡导、影响庐陵后人向善、扬善、行善，把善字镌刻在平凡生活中，让善意浸润着每一颗向往春天的种子。

在雍正、光绪版《江西通志》中，如实地记载着这样一段历史：

> 槎滩陂，在泰和县禾溪上流，后唐天成进士周矩所筑。长百余丈，滩下七里许筑碉石陂，约三十丈，又于近地凿渠为三十六支，分灌高行、信实两乡，田无算……

后唐监察御史金陵人周矩，为避北方战乱，南来吉州，投靠在吉州为官的女婿杨辣处。周矩到今泰和螺溪镇一带，见山水佳美，便住了下来，在这里生活，繁衍出爵誉周氏。

吉安以山地、丘陵为主，东、南、西三面环山。境内溪流河川、水系网络酷似叶脉，赣江自南而北贯穿其间，将吉安切割为东西两大部分。地势由边缘山地到赣江河谷，徐徐倾斜，逐级降低，往北东方向逐渐平坦。北为赣抚平原，中间为吉泰盆地。槎滩陂，位于泰和县禾市镇桥丰村委槎滩村畔，为古代规模较大的水利枢纽工程。建于五代南唐升元元年（937），主要功能是疏江导流、灌溉，有"江南都江堰"之称。陂旁边这条河流叫牛吼江，也称禾溪，发源于井冈山峡峪，水流量很大，但是河两边的高岸水田是"望天丘"，只能靠天降雨水耕种。下游的农田也常受干旱威胁。周矩为此心焦，决心改变这种状况，经调研，最好的方法就是拦

周矩雕像

河筑坝开渠引水，使下游农田免受旱涝之灾。牛吼江顺着地势奔流，上下水位落差 147 米。因山上植被茂盛，水质清澈，含沙量少，陂渠少有淤塞。槎滩陂将牛吼江水分流，陂水自西向东依次流经禾市镇、螺溪镇及石山乡，在三派村汇入禾水而注入赣江。为预防水灾，在槎滩陂下约七里处，又修筑有一段减水的小陂——碉石陂。陂渠迂回 30 余里，可灌溉包括泰和县高行（今禾市镇）、信实（今螺溪镇）、石山乡和今吉安县永阳镇在内的部分农田，当时灌溉面积达 9000 亩，数万群众受益。到了明代嘉靖年间，周氏后裔和受益村庄的民众，将坝体改为石质结构。陂水通过总干渠引导，流经禾市镇上蒋村时又分为南北两条支流。因为拦水筑陂的举动，推动了吉安的水稻生产技术，提高了产量。槎滩陂干渠总长达 35 公里，灌区内还分布着众多湖塘，湖塘与渠系相通，成为灌溉的调蓄工程，使这块高岸之地变成了鱼米之乡。

为民众造福的故事，往往记载在典籍中，或流传在父老乡亲的口中嘴上。在永新县烟阁乡人民政府所在地桂冈埠，如今矗立着一座崭新的望烟阁。这不是一座普通的风景楼阁，它记载着吴氏家族尚义济贫的动人故事。

南唐末年，吴晢由九江来永新任主簿。据《永新吴氏总谱》记载：赴任那天，吴晢进入永新地界，看见许多农户因旱灾歉收，无米为炊，儿童嗷嗷待哺，村人多有饥色。吴晢见之，心情无比沉重。此后，吴晢经常轻车简从，深入民间访贫问苦，在掌握了永新民间疾苦的第一手资料后，他千方百计将灾情如实上报朝廷，并顺利争取到了朝廷为永新减轻赋税的敕书。

史载，吴晢在永新主簿任上数年，不仅自掏腰包修缮学宫，改善学校办学条件，还亲自给学生上课。为了让自己的子孙能继承他的事业，他将"尚义济贫"四字制作成牌匾，挂于厅堂，并载入族谱，作为族规家风流传后世。

因积劳成疾，吴晢病逝于任所。儿子吴熄和吴焰欲将父亲的棺椁送回老家九江安葬。永新百姓闻之大哭，纷纷阻棺于道，泣请留葬永新，"见墓如见公"。于是，吴晢被安葬于城西三里塘。

许多年后，时任泰和县令的北宋名士黄庭坚，一日游永新，闻永新父老言及吴哲及后人尚义济贫的优良家风和动人事迹后，深受感动，遂援笔写下了《吴主簿公传》。

吴焰（904-？），从小能读书，但他深觉科场水深莫测，宦海前途险恶，遂弃文从商，成为富贾。其时，母亲年事已高，吴焰遵行"父母在，不远游"的古训，每日侍候在母侧。母亲来自九江星子县，靠近鄱阳湖，那是一个常常发生洪灾之地。母亲从小就饱受洪水之厄，谁知那年五月，永新也发生了一场百年一遇的大洪灾。连续数天大暴雨，县城一带大部分村庄淹成汪洋一片，倒塌房屋无数，正值抽穗期的稻田受灾面积两万余亩。大灾之后，永新满目疮痍，随后又是瘟疫来袭，饥民流离失所。吴焰痛心疾首，倾其所有买来中药材，在东西南北城门前支起大锅熬制汤药，为疫区病人赠送汤药。

经此大灾，吴焰母亲更加寝食难安，经常在梦中被洪水惊醒。吴焰是个大孝子，为了让母亲的后半生能过得无忧无虑，将家外迁到南乡烟冈。这里地势较高，历史上从未有过洪涝之灾，且物产丰饶，是个安居乐业的好地方。

几年后的一日，吴焰走在乡间，见一农户过午还未生火做饭。细问之，方知无米下锅，于是，便差人送去米粮。为了能及时发现断了炊的农户，吴焰便在烟冈最高的桂冈埠岭上，修建了一座高阁，名曰"环景楼"。登上此楼，既可观察到谁家断了炊烟，好派人送米续炊，又可环视四周山水风光。

从此，每日清晨，吴焰必登楼巡视，如发现日近中午，瓦上有仍未冒烟的人家，便差人送去米粮，以解断炊之困。有人计算过，吴焰一生，共为贫苦百姓送去米粮万石之多。

吴焀去世后，烟冈人民为了感恩吴焀的善行，将环景楼改名为望烟阁，烟冈地名也改称为烟阁。其子吴愿、吴惠继承先辈家风，继续以望烟阁为平台，为当地穷苦百姓送粮送衣。据《永新吴氏总谱》载：太平兴国七年（982），天下大旱，农田颗粒无收。至第二年春荒，好多人实在无食充饥，只得以"仙泥（观音土）为食"。其间，卖儿卖女或人肉互食者，大有人在。吴愿、吴惠兄弟看在眼里，急在心上，便雇人到邻省买来数百担大米，在望烟阁外搭设粥棚熬粥，接济四方饥民。为赈灾，兄弟俩连续数月未睡个囫囵觉，以致相继晕倒在粥棚里。大灾过后，吴愿吴惠兄弟俩的善行得到朝廷的嘉奖，并制做一块"尚义高风"的金字大匾送到烟阁，悬挂于烟阁吴氏宗祠中。

永新吴氏"尚义济贫"的优良家风，千年来赓续不辍，早已深入吴氏后代血脉。吴昭五世孙、北宋大中大夫兼国史修撰、秘书大监吴瑾在其《家训诗》中曾训导子孙："为国常贷钱，济贫要输粟。逢迎四方士，车马长相逐。"如今的永新吴氏多为吴焀后裔，每个家族都将"尚义济贫"四字嵌入族谱和家规中，成为行事规范和做人准则。

在吉安老百姓口中，还流传着一个"金钏还主险丢状元"的故事。

彭教（1438—1480），字敷五，吉水县水南镇人，天顺八年（1464）中状元。据明代史学家张岱撰写的《快园道古》载，1464年春，彭教赴京参加礼部会试。某日傍晚，他与仆人在一家旅店投宿。刚入店，店旁邻居楼上有人将一盆洗头水倾注而下，一枚金钏随水落地。彭教的仆人发现后，随即捡起金钏，将它藏入怀中。离店走了十多天，彭教所带的盘缠不多了，仆人拿出捡到的金钏，要去市场上变卖以充盘缠。彭教心里感到很奇怪，便追问原委，仆人只好如实相告。彭教听后命仆人立即返回，将金钏交还给失主。仆人说："如果送还金钏，就要耽误半个多月，这样会使您赶不上考期。"彭教却说："金钏是女子受赠之物，如果丢失，父母邻人会疑心她私赠给别的男人，弄不好会出人命。"仆人提出能否在返回时交还，彭教厉声说："考试固然重要，但这是人命关天的大事，一天也不能拖延。"主仆二人只好返回。果然，失主是一位待嫁闺女，丢失金钏后受别人猜疑，正要寻死觅活。金钏送回后，还了她的清白，彭教却因此事耽误没有赶上考试。碰巧的是，那年礼部会试时贡院发生火灾，烧死90多名举子，彭教侥幸逃过一劫。八月，礼部会试重新开考，彭教获得第二名，廷试时获得第一名，被钦点为状元。

善良不仅仅是一种心态，更是一种行动。至今吉安街坊，还一直记得吉安城里的一位"大善人"康文卿。

康文卿（1858—1936），今吉州区人，主要经营木材生意，开设隆昌木行，并附设旅社，成为当时吉安首富。一生捐赠22.8万银圆用于公益，曾任吉安县道德会会长。康文卿自小生活贫穷命运多舛。父亲康达道，以务农为生，因生活在赣江边，几亩薄田常遭受水旱灾害，全家六口度日艰难。天有不测风云，父亲不幸病丧，少年文卿和三个年幼的弟弟全靠母亲帮人做针线活维持生计。寒门出孝子，作为长兄，康文卿瘦小的肩膀主动挑起了家中生活重担。年少时，每日里带着三个弟弟，不畏严寒酷暑，外出捡拾柴草遗穗，取暖充饥，帮人砻谷、舂米，做些零工补贴家用。年龄稍长，外出学徒习商。学徒期间，文卿吃苦耐劳，刻苦勤奋，加上天资聪

康文卿雕像

颖，很快得到老板赏识，委以重用。几桩生意做下来，康文卿便掌握了经商之道，开始自立门户。他深知竹木生意利润丰盈，但苦于无资本投入，先暂且做起了经纪人。他极有生意头脑，待人诚信，经他促成的生意皆利润丰厚，找他的人很多，很快发达起来。积累了一定资本后，他创办了"隆昌木行"。在他的精心打理下，木行生意越做越大，逐渐垄断了吉安竹木市场，还发展住宿、饮食、航运等配套产业，成为吉安城屈指可数的富翁。

经商致富后，康文卿仍奉行粗衣粝食、节俭朴素的家风。一日三餐，以素食为主，衣着简朴，一生从未穿过华丽衣裤。他虽对自己对家人要求严格，但他并不是守财奴，不是吝啬鬼，反把关注的目光投向贫苦百姓，投向需要帮助的社会弱势群体，投向社会公益事业。

康文卿一生善行义举数不胜数。他慷慨解囊捐资助学。1925年，他捐赠6000银圆重修千年历史的庐陵县学，政府为此勒石为记，至今，那块碑石还镶嵌在庐陵县学的墙壁上。1924年，他捐5000银圆建瑶池宫，内设初级女子小学，解决了女孩子上学的困难。1926年，省立第七师范学校、省立第六中学校舍不足，他各捐 5000 银圆建校舍，使省立七师成为吉安传播马列主义思想的阵地，从而诞生了吉安第一个党组织，培养了一大批革命先驱。

他大义慷慨捐助公益事业。1914 年，城南的迥龙桥因涨大水即将倾覆，该桥是泰和、赣州等地来吉的必经之路，康文卿闻讯后捐 3400 银圆将其修缮一新。1923 年又捐 3500 银圆将随时有倒塌危险的太平桥重新修整。遇洪涝旱灾，他总是率先捐赈，广布恩德，从 1915 年至 1934 年，康文卿共捐 7400 银圆、衣物 370 件，用以救济各地灾民，众多黎民百姓受他恩惠渡过难关。自 1918 年至 1934 年，康文卿共捐 20600 银圆修复城内古迹。如捐赠 7000 银圆修缮城北螺子山南麓的文信国公祠，捐赠 6500 银圆将青原山净居寺内的七祖塔、宝庆堂、药树堂修缮一新，捐赠 8000 银圆改建民国吉安县政府，捐建三栋房屋兴建城内的先贤祠、育婴堂、义渡局等。

他倾情革命，不遗余力。土地革命战争时期，他秘密为红军输送西药和钱粮，派保镖用箩筐将银圆和西药送到东固。时任红一方面军总指挥的朱德，在东固亲切接见康文卿时说："你不是土豪，也不是资本家，是个大慈善家。"

据史料记载，自 1914 年至 1936 年，康文卿共捐赠 187 次，累计金额达 228110 银圆。他的义举善行，得到了城内外各界人士的交口称赞。先后获社会各界授予他的"急公好义""义举仁风"匾额 25 块。

在吉安，这样的善人善行不胜枚举，如泰和县亿万富翁孙明一门三代，接力三次修建吉安考试院；又如吉州区曲濑镇胡品高捐修吉安至湖南衡阳的商道等等。庐陵人，将"勤俭尚义，济贫纾困"精神筑成跨越时代的丰碑。

习近平总书记指出，要以培养担当民族复兴大任的时代新人为着眼点，强化教育引导、实践养成、制度保障，发挥社会主义核心价值观对国民教育、精神文明创建、精神文化产品创作生产传播的引领作用，把社会主义核心价值观融入社会发展各方面，转化为人们的情感认同和行为习惯。

诚信、友善，是公民基本道德规范，是社会主义核心价值观对个人层面的基本要求。它覆盖社会道德生活的各个领域，是公民必须恪守的基本道德准则，也是评价公民道德行为选择的基本价值标准。诚信即诚实守信，是人类社会千百年传承下来的道德传统，也是社会主义道德建设的重点内容，它强调诚实劳动、信守承诺、诚恳待人。友善强调公民之间应互相尊重、互相关心、互相帮助，和睦友好，努力形成社会主义的新型人际关系。

守信向善是社会主义核心价值观的重要滋养，弘扬守信向善的庐陵文化精神特质，是培育和践行社会主义核心价值观的应有之义。守信向善既是个人品德的重要体现，能够赢得他人的尊重和信任，树立良好的个人形象，也是社会和谐稳定的黏合剂，能够促进社会成员之间的互助合作，减少矛盾和冲突，维护社会稳定。

第六章

开放包容

开放包容，就是在尊重差异、承认多样性的基础上，打破各种限制，愿意接受不同的思想、观念和行为方式，实现多元共存、和谐发展的目标。有2200多年建置史的吉安，创造了辉煌的文化。经济发展曾千年间位居全国州府前列，名贤辈出，文化成果累累，开放包容是活力来源。中国历史上，因北方战乱导致数次大规模的北民南迁，给吉安输入了中原先进思想文化和生产技艺；纵贯南北的黄金水道赣江，带来商贸繁荣，各方财源汇集；名儒贤达纷至，明清之际，客家先民涌入吉安山区创造家园；儒释道并存，外交大臣大显身手，谱写开放包容华章。

古称庐陵的江西吉安，为三面环山一面敞开的盆地式地形。周边山体主要由两大山脉构成，西南部为罗霄山脉，东部为雩山山脉。东、南、西部崇山峻岭，层峦叠嶂。中间丘陵起伏，北部为开阔平地，地势南高北低，由三面渐次向赣江倾斜，依次为丘陵、岗地、河谷平原，形成吉泰盆地，面积4500平方公里，其次为永新盆地，面积520平方公里。

从地形看来，吉安三面环山，呈半封闭形态。东南方向的闽粤，西向的湘楚，都有大山阻隔，只有北向地势平坦，与赣北相连。在以水运为主漫长的自然经济时代里，又是开放的。从南往北浩荡涌流的千里赣江，在吉安中部穿行。赣江和众多的大小支流，形成庞大的水资源网络，连接条条陆地驿道和商道，通往外面的世界。黄金水道赣江，在地理环境上具备了开放包容的客观条件和优势。

处于中亚热带东段湿润地区的吉安，四季分明，雨水充沛，日照适宜，土地肥沃，地广林茂。山地林海竹涛，溪流潺潺，禽栖兽伏，蕴藏着丰富的矿产、林业、水力、动物资源。河谷平原，阡陌纵横，沃野千里，适宜人类生存需要的水稻、麻类、油料等作物成长。连绵的丘陵和遍布的河溪，是放牧和水产养殖的佳地。相比于西北大漠和临海地带，摧毁性的特大风灾、水灾、旱灾不多。得天独厚的自然环境，是生产和居住的风水宝地。优良的环境、便利的交通、富饶的物产，吸引了一代代先民陆续从四面八方汇聚在这块广袤的红土地上，筑宅安居，拓荒创业，生育繁衍，兴建一个个村庄，建设一个个城镇，吸纳先进的思想文化和生产技术，创造出厚重而多彩的文明成果。

一、人迁业兴

有史以来，吉安敞开大门，以全面开放的姿态迎接来自四面八方的人民。他们在这块土地上定居扎根，劳作经营，构筑家园，生息繁衍。我们的祖先是从哪里来的？虽然史书文字记载不多，但从出土文物和地方志以及谱牒中可以寻觅到一些踪迹。总体而言，先民们进入吉安主要有两条通道，一是从赣鄱平原沿着赣江溯流而上，从北往南推进；一条是从西面属于楚地的湘江流域穿越武功山峡谷向东延展。

远在新石器晚期，吉安境域就有人类活动，从出土的文物可知，几乎遍及各县。从原始部落到商周时期生活在吉安的是什么人呢？据考证，土著居民属庞大的越族体系。因为江西先后归属古吴国、越国。越人的族支有百越之说，吴、越两国后来都被楚国消灭，吉安地域归属楚国，被称为"吴头楚尾"。秦始皇统一六国后，派尉睢率领 50 万秦军中的 10 余万人，分东西两路进攻百越，征讨闽越、南越。其中的一支大军沿赣江而上经吉安过赣粤之间的梅岭入岭南。为战事所需，秦始皇二十六年（前 221）置庐陵县。7 年后，秦国又将中原 50 万罪犯谪戍岭南，溯赣江南进。原来的百越，有的被消灭，有的被驱逐，有的躲进深山里，有的逃到更远的西南去了。征讨南方的军队士卒中，有不少是流徙和逃亡者，无法回老家。为了生存，只有就地垦荒，与当地人杂居繁衍。过了许多代，成为吉安新一代"土著"。那时吉安境域有多少居民？没有确切记载。据《汉书·地理志》载，西汉时豫章郡所属县的人口平均为 2 万多人，几十年前秦朝始建的庐陵县，因地处偏僻，人口只会低于这个数字。

汉末以后，我国出现了多次社会大动乱。从西晋、唐末至两宋末年，来自北方和西北的游牧民族多次南侵，造成政治震荡，中原的经济和文化遭到了一次又一次巨大的冲击，促使经济重心和文化重心向南转移。为躲避战乱，百姓纷纷向较为安定的地区迁移。处于江西腹地的吉安，接纳了大量移民迁入，人口逐步增多，经济文化得到改善。

"成建制"的宗族南迁，最早是西汉末年的曾氏。孔子门生曾参被尊为他们的始祖，称宗圣，声名显赫，家族昌盛。曾氏一直以山东武城为中心繁衍生息，到 15 世孙曾据，因有功于西汉，加封关内侯。公元 5 年，王莽篡夺皇权，改国号为"新"。曾据因"耻事新莽"，率族员 200 余人，由山东武城渡江南下，浩浩荡荡迁居庐陵县吉阳（今永丰县古县乡），称为吉阳房，开基地名为百富排，庐陵从此成为曾氏第二发祥地。曾氏迁到庐陵后，衍发很快，分为四大房，繁衍数代后在各地形成了无数支派，有大量的村落，其中不乏千人大村。吉安县永和镇锦源村，有曾氏后裔三四千人。吉安有名的曾氏后裔有明代状元曾棨、曾鹤龄、曾彦，宋代农学家曾安止，明代"一门三进士"曾同享、曾存仁、曾同享等俊杰。

以后近两千年间，因避战乱和灾荒，较大规模的北民南迁

永和锦源曾氏宗祠

184 .

浪潮主要有三次。第一次是西晋的永嘉之乱之时。晋怀帝被掳，晋室南迁，大量士族和百姓往南避难。其中一部分溯赣江而上，在吉泰盆地安家落户。第二次是唐代的"安史之乱"和唐末动乱时期，战祸几乎遍及黄河中下游地区，对北方造成了极大危害，各界人士纷纷逃往江南避乱；唐末藩镇割据又爆发农民起义，许多北方的士族大批南逃。在几十年战乱期间，富庶的赣中成了北民比较理想的避难之地。《永新县志》载，此时落户的北人有龙、尹、张、左、文氏近20姓，后来都成为大族；光绪版《泰和县志》载，"四方大姓避地者辐辏而至，曾自长沙，张自洛阳，陈、严、王、肖、刘、倪等族，皆自金陵而占籍焉，而生齿之繁，遂倍蓰于旧"。第三次爆发于北宋末年的靖康之难。金兵掳走了宋朝的皇帝，康王赵构偏安临安，史称南宋，开始了100多年的对峙局面。南北双方时战时和，不堪忍受战乱和压迫的北民离开家园，或追随南逃的"宋皇"，或渡江自谋生路。"中原士民，扶携南渡，不知其几千万人"（《建炎以来系年要录》卷八六）。"民皆渡河南奔，州县皆空"（《宋史》卷二三）。这次北人南渡规模最大，迁来吉安的人口超过以往任何一次。宋太平兴国年间吉州的主、客户合计126453户，100余年后崇宁元年（1102）的户数增至335710户，增加了两倍。山环水绕、资源丰富，社会相对安定的吉安，一次次受到北民们的青睐。他们逐水而居，依山而栖，垦荒开山，筑宅修院。吉安敞开山水，将移民拥入怀抱，使他们有安家立业之处，夯筑起生息繁衍的根基。

开放的吉安，接受了各方文化一波未平一波又起的融入的洗礼。从人口较多的姓氏宗族谱牒资料中可知，今吉安市区域范围内居民的先祖，至少 65% 以上是北方人。吉安所说的北方，泛指长江以北和东北方向的江淮、西北方向的湖北一带。吉安宗族大姓的先祖，大多从北方迁入。如弘农杨氏，唐代末年中原战乱，东汉太尉杨震的后代杨辂，由陕西华阴县来吉州任刺史。为避战火，杨辂率家人沿赣江辗转来到杨家庄开基立业。他有 9 个儿子，分迁各地成为名门望族。其二子杨铤在涩塘开基，宋末元初，各地杨氏在涩塘村捐款兴建了庐陵忠节杨氏总祠。仅吉水县、吉安县、吉州区 3 地，有涩塘迁出的杨氏村落 50 多个。杨氏代出英贤，杰出人物有"庐陵五忠一节"中的忠烈杨邦乂、诗人杨万里、泰和明代内阁首辅杨士奇等。华林胡氏，始祖胡满公。西晋末年战乱，胡奋南迁建康，第四代世孙胡履，任江州刺史，把家迁到了江西。他的孙子胡潘迁居奉新华林山，后代分迁江西各地。南唐时，胡公霸封为吉州刺史，南唐归宋后，封赠庐陵郡开国侯，命长子胡胜赴庐陵封地定居，为芗城（今青原区值夏）胡姓开基祖，后裔分居庐陵、泰和、吉水各地。胡氏名贤辈出，代表人物有忠烈名臣胡铨、状元胡广等。太原王氏宗族，原居晋地太原，西晋王导逢西晋永嘉之乱，南渡江左，助司马氏立国于建康，为东晋开国元勋。后裔王仁安，唐末出刺吉州，卒葬庐陵，子孙分迁各地。其中王该为庐陵始祖，这支繁衍最盛。王氏在吉安分布广泛，泸水、富水河畔，有许多大村，如青原区富田王家，泰和梅冈，吉安县赛塘、谷塘等。河南堂萧氏，尊汉代丞相萧何为始祖。后裔萧真唐时任九江刺史，为避唐末战乱，举家从湖南长沙迁吉安。长子文凯迁居庐陵曲山（今吉安县永阳镇），次子文忠迁居泰和仙槎乡王山，三子文源迁居吉水燕山，号称"三山萧氏"。其中曲山村今为数千人的大宗族，加上外迁的 60 多个村庄，超过两万人。另一支是五代时萧遘的后裔萧觉，也是逢战乱未北归，在泰和早禾渡定居。这两支萧氏宗族分迁各地，遍布吉泰盆地，以泰和、吉安县为多，代表人物有状元萧时中、榜眼萧良有、内阁学士萧镃等。还有许多任职的官员，遇乱或致仕没回原籍，在吉安定居繁衍。如西平堂李氏、长沙王派刘氏、南阳邓氏、渤海派欧阳氏、豫章派罗氏、乌东派周氏、江夏堂黄氏、陇西彭氏宗族等。

客家倒流，是吉安人口变动的重要因素。宋元以前南迁吉安的北民，经发展成为土著居民；而其中一部分人住了一些年后，继续迁往赣南；有的翻越闽、粤大山，再往东南沿海迁南洋各地。因此，有史学家称吉安是"客家南迁第一站"。明末清初近80年频繁的战事，导致田园荒芜，人口流离。"三藩之乱"平息后，清政府不得不招集流民垦荒，以优惠政策鼓励生产。粤北、闽西和赣南有的客家因聚居地山林多而耕地较少，或人口

井冈山茅坪山地人家

多难以生存，受优惠政策吸引，沿着先祖南下的途径，逆向返回，向西北方向推进，有的在吉安西南、东南山区择地居住，遍布永丰、永新、万安和遂川、井冈山等地。经两三百年发展，吉安客家人聚居的村落，有百多万人，占吉安总人口近四分之一。

吉安以豁达的胸怀，包容从不同地方前来的定居者。他们汇聚在这块土地上，把原籍的思想观念、风俗习惯、生产工艺带入新的居住地。那些适应时代需要的先进成分便会代代传承。如重视对后代的教育培养，儒学之中的忠孝仁义思想，艰苦奋斗、勤俭持家、崇尚礼义等等道德观念和行为，从一个家族扩延到邻近村庄，形成一种社会风气。各个地方迁来的人定居后，在长期频繁的交流中，其风俗习惯、语言文化成为一种较为稳定的存在形式，在特定的环境里延续，形成了地域性特色。从吉安的方言中可发现，没有一种统一的、可通用的方言，永新话和永丰话、遂川话和峡江话，语音差别很大，是人口来源不同的证明。但是，吉安区域内人们的思维方式、宗教信仰、生存模式和民俗风情等却大致相似，这便是开放交流、包容吸纳的结果。

二、经贸繁荣

　　吉安自古就有"江南望郡"的美誉，史书称"自江而南，吉为富州"。在唐代晚期到清代晚期的近一千年间，吉安的经济发展水平，在全国州府中居一流地位。主要原因之一，是吉安以开放的姿态，对外联通市场，对内繁荣商贸；客商走进来，产品运出去，互惠共荣。

（一）黄金水道

　　江西的母亲河赣江，纵贯吉安中部，是吉安对外开放的主要通道。赣江由万安县涧田乡良口入境，于新干县三湖镇蒋家出境，在吉安境内干流长约260公里，占千里赣江总流长近一半；流域面积为29294平方公里，占总面积的30.8%。赣江串连起境内流域面积大于10平方公里的大小支流730多条，其中流域面积大于1000平方公里的一级支流有禾水、乌江、孤江、遂川江、蜀水。赣江及其支流，构建覆盖全境、沟通内外的航运网

纵贯吉安城区的赣江

络，促进信息流、物资流、文化流的形成。

自秦以后两千年来，赣江是沟通祖国南北交通的大动脉之一，称作黄金水道。秦灭六国后，大举进兵岭南，50万南征军队的其中一支，沿长江溯赣江而上，打通了赣粤交界处的大庾岭，秦派军在此驻守，再进军岭南。从此，赣江水道被充分利用，越过大庾岭进入韶关的浈水直达沿海。随着社会经济的发展，全国经济文化的重心逐渐由西北向东南转移。与此相适应，中原与岭南的交通线路也经多次变迁。京杭大运河修建后，南北交通干线再次东移，改由运河入长江西溯，由鄱阳湖入赣江，至虔州（今赣州），转入赣江支流章水，越大庾岭进入广东南雄，入浈水，至韶州转入北江，直达广州。唐玄宗于开元四年（716），命张九龄率军民拓宽从大庾到南雄的陆路，又开凿梅岭驿道，把崎岖的山路修成一条可并行五辆车马的坦途，并沿途设置凉亭、客栈。这条交通大动脉的确立，使赣江成为沟通中原与岭南最重要的水道，承载着中原至岭南交通运输量的十之七八。历经一千多年，格局基本没有变化，对沿线郡县经济文化的发展影响极为深远。

吉安处在开放交流要道赣江的中游，南来北往舟楫穿行，帆樯竞发，官宦商贾云集，于是，由南往北的赣江及其支流江畔，一个个村庄陆续涌现，继而发展为聚集人口和物资的城镇。赣水之滨的新干、峡江、吉水、庐陵、泰和、万安等县城先后崛起，主要支流岸边的安福、永新、遂川、永丰、宁冈等县城应运而生。当地物产顺水而下经赣江入长江发至各方，溯流运往粤桂，八方的信息和物品也经赣江散发至吉安大地。其中，朝廷征收的税粮漕运占主导，还有陶瓷、食盐、茶叶、钱币、矿物以及农产品、手工业产品等物资的繁忙运输。

（二）庐陵郡城

始建于东晋咸康八年（342）的庐陵郡城，位于赣江黄金水道中间位置，是最佳的物流人流集散处，也是对外开放的中心。从鄱阳湖由北往南溯流而上，过了峡江急流，水势较平缓；到了庐陵城再往上行，便有浅滩，河面收缩；到了万安"十八滩"就变得惊险了。凡往上游去的，需要在庐陵城补充给养，养精蓄锐，好闯险滩。顺水而下的，刚历艰险，需休整一下，再浩荡北行。尤其是装载量大的大船，再向上难以航行，需把货物卸下分装到小船再往上运。从上往下运的货物，如粮食、木材，到宽阔的江面需集装出发，于是庐陵城便成了商贸中枢，是南来北往航船上的客商和游人的重要落脚点。江上的舟楫木排穿行，城内商贾旅客川流不息，沿江路和后河两岸商铺货栈连绵，成为江南物资集散的枢纽和信息流、文化流的集散中心。

宋时庐陵郡城是全国32个重点城市之一，沿江有20多个码头，活跃着15个以上船帮。明代国家设立33个税课司，主要征收商业税，庐陵城列入其中，足见其商业繁盛的程度。商贸主要产品，有食盐、茶叶、钱币、矿物以及农产品、手工业产品等。此外，竹木制品，金橘、柑橘等果品，苎布、大蒜子、龙须草等农产品等，都是自宋代以来遍销全国的大宗商品。庐陵城的繁荣面貌，许多名士作了描述。1101年北宋时，苏东坡从被流放的海南经赣江北归，据传游览后河时感叹道"此地风光半苏州"，至今存半苏桥、半苏巷之名。100多年后的南宋庐陵人刘辰翁写的《习溪桥纪事》，对沿江路和后河一带的场景做了记载："自吾少年见是桥，盛时为社林州祠，为官药肆，为旗亭，歌钟列妓，长街灯火，饮者争席，定场设贾，呵道而后能过。"500 多年后的明崇祯九年（1636），徐霞客在《江右日记》中写道："饭毕，抵吉安郡……是日雨丝丝不止，余入游城中，颇寥寂。出南门，见有大街濒江，直西属神冈山。十里阛阓，不减金阊也。""阛阓"就是街市，"金阊"是苏州的金门、阊门，商业繁华之处，意思是江边的十里长街，不比苏州差多少。

城里现存最古老、最完整的一座石牌坊，为"天后宫"坊，是吉安开放包容的物证。原先在赣江边沿江路旁，福建商人于清乾隆年间改建会馆时，大门用 208 块花岗岩镶成牌坊，雕凿的人物形态各异，栩栩如生。楹联为"九天阊阖开宫殿；万国衣冠拜冕旒"。正面竖额"天后宫"，横额"吉州福地"。1998 年因赣江西堤沿江路改造，牌坊被拆除，构件保存了下

吉安福建会馆天后宫坊

来。2009年建设庐陵文化生态园时，就将石坊构件重新拼接，异地移立在城北螺湖边。后河边比石坊还早两百年的古榕树，据传，是明代万历年间福建商人在赣江边设天后宫会馆、建码头，从家乡带来榕树幼苗植下的。400多年过去，依然郁郁葱葱，树冠如华盖，遮阴2000多平方米，成为吉安的重要地标。

明清之际，吉安城里设立了不少外地的商人会馆。从地方史料中搜寻可知，直到清代中晚期，还有各地的商人会馆至少24座，如广东会馆、滇南会馆、湖南会馆、南昌会馆、浙江会馆、河南会馆、徽州会馆等，大多设在永叔路和后河边。吉安开放包容的姿态引得各地客商蜂拥而至，而吉安人的热情、诚信和讲义气，使客商愿意来、留得住。《庐陵县志》上记载了一段很有意义的往事，广东会馆与当地商户为争赣江边的关帝庙地基打官司，官府并没有偏袒当地人，而是依法公正裁判，会馆较满意，没有因此引发后患。

（三）吉安会馆

明代中期以后，无数的江西人离开乡村，走南闯北，经商贸易，形成了规模宏大的江右商帮，与晋商、徽商并驾齐驱，遍布大江南北。他们建设了无数的会馆，据说有两千多座，祭祀江西福主许真君，称万寿宫。吉安商人是江右商帮中的劲旅，除参与万寿宫活动外，还建了不少吉安（吉州、庐陵）会馆，成为在外同乡联谊、互助的组织和信息交流中心，也是吉安人开拓开放精神的明证。因时局变化，其他会馆大多被毁或改作他用，而吉安人建的会馆或筑馆构件，有的至今幸存。明清时期京城会馆有30多座，保存下来的极少，而前门大街大江胡同29号的庐陵会馆，83号吉州会馆，主体建筑仍存，2013年完成修缮。江苏仪征市，面江近海，曾是全国最大的盐运中转集散地，兴旺时停泊的盐船达2000余艘，民间藏有"吉安会馆屋宇基地官业"的石碑，上端有"江右"二字。吉安籍富豪周扶九、萧芸浦为代表的吉安商人是扬州盐商的翘楚，吉安会馆就是他们建的。武汉江汉区博物馆藏有十余块老砖，刻有"吉安会馆"字样，是2013年3月翻建一民居时发现的。保存最完整最精美的吉安会馆，位于九江永修吴城和上饶铅山河口镇。这两地都是闻名全国的商贸重镇，商贾云集，造就千年繁华。吴城曾有48个商会馆，岁月变迁，众多的会馆被毁，只剩保存完好的吉安会馆，正面由精美的石雕构成，门楣雕有"理学名臣"四字。河口镇曾有会馆近20所，只有吉安会馆和另一座保存较好，门楣上镌刻"吉州福地"四字，门楼的砖雕与纹饰很精美。东耳房旁边嵌着清嘉庆末年1820年立的石碑，刻了一件民事纠纷的裁判文书，以防止后世纠纷。

（四）货运天下

吉安物产丰富，各种货物和产品凭借便利的水运销往大江南北乃至海外，焕发出开放流通的勃勃生机。史载吉安"土沃多稼""散粒荆扬"，就是粮食产量很大，销售到长江沿岸的湖北江浙一带。据清徐松《宋会要辑稿·食货》载，乾道九年（1173），"吉州一岁运米三十七万余石，合用五百料船六百余艘"，居全国各州军首位；南宋偏安，江西供粮200万石左右，其中吉州60万石，占朝廷贡粮总额十分之一，是名副其实的国家粮仓。除上交贡粮外，民间大量余粮用作商品粮交易。泰和农学家曾安止在《禾谱·序》中谈道："春夏之间，淮甸荆湖新陈不续，小民艰

吉州窑遗址博物馆展品

食，豪商巨贾水浮陆运……不知其几千万亿计。"意思是在三荒五月，长江两岸安徽、江浙一带的粮食青黄不接，百姓度日艰难。商人收购吉州富余的粮食，贩运到缺粮的地方去，车和船多得不计其数。

始烧于晚唐，兴盛600余年的吉州窑陶瓷器生产，规模宏大，盛时窑工两三万人，是江南重要的陶瓷产销基地。"器走天下"，产品畅销全国各地，并通过"海上丝绸之路"大量销往东南亚和欧洲各国，是吉安水运的重要货物。竹木生产经营，是吉安重要产业之一，赣江及其支流两岸，曾设许多木竹交易市场，流向江南各地。吉安苎麻种植面积广而质优，在全国纺织品市场占有较大的份额，生产的夏布，销往省外和东南亚，是江西三大外销特产之一，直到清末民初都是如此。吉安盛产黄豆，最有名的产品是豆豉，深受消费者青睐，并随着人口的流动将加工技术传到外

金庐陵

地。《中国酿造》记载，四川的豆豉制作便是从吉安泰和传过去的。栽桑养蚕缫丝也是吉安的传统产业，到清末民初各县仍有蚕桑局，蚕丝远销江浙粤皖等地。甘蔗及其加工产品蔗糖，是大宗优质商品。南朝梁名医陶弘景在他整理的《名医别录》中说："蔗出江西东为胜，庐陵亦有好者。"吉泰盆地大面积种植甘蔗，建有蔗棚将甘蔗制成红糖，大量外销。新干商洲枳壳，宋朝起历朝列为贡药，《本草纲目》中列为正品名贵中药，畅销全国。吉安纸品以竹子和优质草为原料，产量多，品质好。宋代随着造纸业兴盛，吉州成为我国四大印刷中心之一。明代版本家胡应麟著文称：印书"以永丰绵纸为上，常山柬纸次之，顺昌纸又次之，福建纸最下"。最有名的是永丰县中村的玉扣纸，早在南宋就被列为宫中贡品，明著名藏书家、常熟毛晋汲古阁刻印"十三经""十七史"等典籍，需要大量优质纸，特派人从江苏到江西选纸，庐陵、泰和的竹纸中选，俗

遂川汤湖狗牯脑茶山

称"毛边纸",沿用至今。盛产于吉安的竹纸、绵纸,通过水运远销全国,甚至销到朝鲜、日本以及东南亚各国和欧洲。此外,大蒜子、龙须草、樟木箱、安福火腿、泰和乌鸡、遂川金橘和狗牯脑茶叶、吉安县吉固籽等特产,遍销南北经久不衰。众多特产名品通过赣江及驿道销往全国各地乃至海外,不仅是物资的流通,还把吉安人勤劳的精神和诚信的品格,播撒到天南地北。

三、文化交融

作为社会意识形态的文化,必然随着人类的活动而发展变化。吉安先民们从不同的地方汇聚在一个区域,带来了不同的思想观念和风俗习惯。在长久而频繁的交流中相互吸纳,相互包容,融合成一种较为稳定的存在形式和表现方式,在一定的环境里延续,形成了地域性特色。

(一)寓贤传道

自古以来,有不少名贤到吉安任官,名儒来讲学传经,文人雅士来游赏赋诗作文,推动了吉安文化的发展。对儒学精神的继承和发展,是庐陵文化最基本的特征之一,引入、传播主流文化的使者,便是几位著名的寓贤。吉安被誉为"文章节义之邦",与唐代两位名臣引领和践行相关。一位是忠烈名臣、大书法家颜真卿播下忠义的火种。安史之乱时,贬到平原任太守的颜真卿联络从兄常山太守颜杲卿起兵抗敌,附近17郡响应,合兵20万,使安禄山不敢急攻潼关,牵制了乱军。他身先士卒,英勇杀敌。

叛乱平息后，他历官至吏部尚书，封鲁郡公。这位忠贞刚烈的名臣，因不愿依附权贵于永泰元年（765）从刑部尚书贬任吉州司马。颜真卿最为人称道的事迹，就是在吉州广置学舍，传播儒家文化。周巽在《鲁公祠序》中赞颂他"以兴起斯文为己任，益广学舍，聘贤士以淑我吉人，自此庐陵声名文物卓为江表冠"。他热爱庐陵的山水，饱含深情写诗作文，结成《庐陵集》，在禅宗圣地青原山，留下"祖关"墨宝，刻于石碑流传至今。颜真卿回朝廷后，遇唐德宗时李希烈叛乱，年迈的他前去劝谕，不幸被李所害。吉州人一直敬重感谢这位名臣，宋代大儒欧阳守道在《颜鲁公祠记》中感慨地说："鲁公事君有犯无隐，愠于群小，之死不回，此州诸君子之立朝不如此乎？鲁公远谪，所至安之，流落复归，终不惩艾，此州之君子去国不如此乎？鲁公八十元老，殒于贼手，高风劲节，谁其俪之？……夫纲常大义，天下所同……今此州俗化，受公之赐多矣。"这段话表明，颜真卿的高风亮节，对吉安人忠义思想的产生有着深远的影响。他所倡导兴建的学舍，一直把他的精神与业绩当作楷模，代代流传。

另一位是唐初著名诗人、杜甫的祖父杜审言，他于圣历元年（698）贬任吉州司户参军。他喜欢结交儒士，崇尚文雅，可吉州城里没有读书的风气，便在庐陵城西的相山（今高峰坡）结茅屋，请年少者来读书，后来在此结诗社，煮酒品茗，作诗论文，参与者甚众，一时间吉州诗风大兴。杜审言是位坦荡无私、净谏敢言的官员，在吉州做了不少好事，受到人们的敬重。他播下的文学种子，从来

二水中分白鹭洲

没有停止过发芽生长。400多年后的宋庆元六年（1200），名相周必大退休归乡，在相山诗社旧址建诗人堂，每年"春花明媚秋月圆"时节举行诗会，各地文人雅士齐聚一堂，"诗人堂上客，参拜杜参军"，成为江南文坛一大盛事。《庐陵诗存·序》云："自杜司户创诗社而诗学兴，自宋建诗人堂而诗学盛。"

南宋吉州知州江万里，创建了白鹭洲书院，以弘扬儒学为主旨，促进了地方教育的兴盛，成为吉安文化的旗帜。办学之初江万里兼任山长，教导学子立下忠于国家和民族、胸怀天下的大志，修炼良好的气节操守，使这里涌现了民族英雄文天祥、爱国词人刘辰翁等俊杰。立志、养气、修身，是白鹭洲书院的办学宗旨和鲜明特色，以此来教化和塑造学生，成为书院的文化传统，像一根红线，穿过历史的风云，连接古今，历久弥新。

江万里雕像

　　明代思想家、政治家王阳明首任地方官为庐陵知县，他执政时大做实事好事，传播知行合一、致良知等心学思想。明清之际百余年，几代吉安籍江右王门学者研究传播阳明学说，使吉安成为阳明心学的首践地和传播的大本营。清代名儒施润章任湖西道首，驻吉安，大力兴建改造青原会馆等教育设施，倡导和参与白鹭洲讲学等，振兴文化事业。

　　几位著名的理学大师，都到过吉安传经布道。理学开山祖师周敦颐，到吉安不少地方讲学，他讲过学的场所称作"濂溪书院"。他所颂扬的荷花"出淤泥而不染"的品性，给吉安人以启迪和教育。程颢、程颐曾到白鹭洲书院等地讲学，朱熹的足迹遍布赣江中游，在万安传经时，题写了"公兴书社"的匾额，县人引以为荣。他们的忠义观、节操观等深刻地影响了吉安儒士学人。王勃、苏轼、黄庭坚、辛弃疾、陆游、徐霞客等文坛名流途经吉安，都写下了描景抒怀的诗文，为吉安增添了光彩。

俯瞰净居寺

（二）佛道信仰

宗教信仰深刻地影响着人的世界观、人生观的形成和习俗的变化。佛教、道教自汉代开始便在吉安社会传播开来，逐渐被信徒所接受，在基层百姓中影响深广。佛教传入我国始于西汉末年，东汉时传入江西。吴赤乌元年（238），有僧人从外地携西域宝镜，驻扎庐陵城的西弥陀山（后称天华山）传法建寺，是佛教入境之始。魏晋南北朝时期，吉安兴建了一些寺院。有名的如灵泉寺、东山禅寺等，不仅在人口集中、交通方便的城区有佛教活动场所，而且连较偏僻的乡村也渐有僧侣的行踪。唐代以后，随着经济的繁荣发展，使得佛教在吉安迅速传播，兴建了许多寺庙。影响最大的是禅宗七祖行思，在唐开元二年（714）开辟道场，弘扬"顿悟"佛法，繁衍曹洞、云门、法眼

.

王阳明题写的"曹溪宗派"

三宗，促进了佛教的中国化，使净居寺成为禅宗三大宗派的祖庭，极大地带动了吉安佛教的兴盛。

产生于东汉中期的道教，在三国时就传入了吉安。吴赤乌年间（238—250），庐陵城河东建了道坛，永丰的梅溪观、冲虚观，泰和的崇道观，永新的五云观等道教场所陆续兴建。到了唐代，吉安的山岭间遍布道士的足迹。峡江玉笥山成为江西三大道教中心之一。武功山佛道同存，以道教闻名赣湘两省。唐宋时，不少达官贵人和文士信道修炼，并成为一种时尚。流行于庐陵的道教有不同的派别，其中从天师道中分化出来的"净明忠孝道"，特别强调忠孝，提倡忠孝是人的良知良能，对庐陵人忠义思想的形成起到了一定的作用。

从外地流入的佛、道教观念，主旨精神被吉安所包容吸收。佛教强调慈悲、智慧和无我，因果轮回、积善成德观等信念；道教的修炼成仙观、虚静无为观等思想，深深地浸染着吉安人的心灵，或隐或现地存在于生活方式和习俗之中。佛、道宗教观念对民间信仰的影响深远。吉安民间神灵信仰有一个共同的特点，往往一座山之中佛教寺庙、道教宫观共存，甚至一个道场中，既供奉菩萨，又敬祀神仙，佛道合流，"和平共处"，有时还"兼职使用"。突出表现是神明崇拜，将神灵信仰和氏族观念结合，祈祷先祖亡灵保佑并赐福子孙后代。先祖的英灵不灭，无时不在，成为超自然的一部分，他们"关注"后人的举动，对后人有一种无形的威慑作用。吉安现存大量的古祠，建祠的主要目的是追远报本，敬祖睦宗，后厅或后堂称为正寝、寝室，供奉宗族列祖列宗神位，年节或重大事件，族人都要向祖灵敬奉香烛。清明、冬至的扫墓祭拜，更是雷打不动。佛道信仰和祖先崇拜的祭祀礼仪，演化出元宵喊船送神、舞龙灯驱邪佑福、福主朝拜等民俗活动。

（三）兼收并蓄

吉安开放的环境吸引了科技知识和先进工艺流入，提高了生产力水平，促进了经济的繁荣。吉泰盆地是江南有名的粮仓，这与良种的引进有关。北宋时的泰和人曾安止，当过彭泽县令，辞官回乡研究农业生产技术，编写了5卷《禾谱》，详细记载了当时吉泰盆地50多种水稻的品名、特征、耕作技术和管理方法，是一部重要的农业科技文献。当时，泰和有一种叫占禾的水稻，品质优良，产量较高，是主要的稻种之一。曾安止通过调查分析，考证出了占禾是从今越南古占城国一带引进的，还有一些稻种是从广东潮汕地区引入的。

唐宋时著名的陶瓷窑场永和吉州窑，生产的陶瓷深受平民百姓的喜爱，还大量出口到东南亚和欧洲。流传存世的陶瓷器件，成为稀世珍品，被不少国家视作国宝。吉州窑陶瓷高超的烧造技术，正是通过文化交流，博采众长、兼收并蓄的结果。唐宋时期大量北民南迁，其中有不少窑工匠人，他们在吉安定居后重操旧业。永和位于赣江和禾水交汇处，盛产陶土，背后是延绵的丘陵岗地，长满了松树，优越的环境使窑工们汇集一处造窑制陶，规模逐步扩大，南宋盛时有窑工3万人，永和镇因此而繁荣。从目前出土的陶瓷件中可见技艺引进交流的痕迹。如陶具的印花装饰，题材多取自自然花卉和动物中的鱼、龙，有回纹边、六格布局等，这与北方有名的曲阳定窑陶具装饰相似。河北邯郸磁州窑在宋代代表了北方民窑装饰艺术的主流，两窑的釉下彩绘工艺基本相同，都是以铁质绘料画彩，以生动的笔法和黑影轮廓表现物象。福建建瓯的建窑，主要产品是黑釉

吉州窑风光

以木叶天目盏为代表的吉州窑陶瓷

盏，享有盛名。吉州窑借鉴其结晶黑釉油滴、兔毫技术，生产出名品兔毫斑、鹧鸪斑、玳瑁斑茶盏。难能可贵的是，吉州窑的工匠们，不只是机械地模仿外地引入的技术，而是根据当地的土质、气候条件和市场的需求，改进革新，创造出木叶天目、剪纸贴花等新的产品，融众家之长又独具特色，使吉州窑成为享誉江南的名窑。

庐陵民俗风情的演变与形成，也与文化的交流密切相关。民间艺术吉安道情和流行于茶馆的"说话"，明显带有中原文化的痕迹；深受人们喜爱的"三角班"地方小戏，清朝中期从赣东北传入吉安，盛行乡里；吉安灯彩中具有代表性的吉安县固江鲤鱼灯、万安麒麟狮象灯等，是明、清两代随客家倒流入赣，从赣南传入的；具有地方色彩的吉安采茶戏，吸收了流入吉安的宜春评话、于都古戏文、南昌清音、赣南采茶戏等表演形式后逐步形成。吉安包容各方文化，博采众长，借鉴利用，根据当地条件和社会需求予以改进，经代代创造，迸发出新的光辉。

四、外交名臣

明代在朝廷任职的吉安籍大臣众多，其中有不少因才干学识被选任为外交使节，出使邻邦，建立友好和睦关系；或赴番地宣国威，传皇命，平事端，维护国家利益，为我国对外联络和开放作出贡献，在此介绍几位。

（一）刘沆出使契丹

刘沆（995—1060），永新县人，北宋宰相。北方的契丹人对宋朝虎视眈眈，常侵扰边境，两国时战时和。宋仁宗时期，刘沆被派往契丹进行外交活动。契丹在接待过程中，有官员设宴强行劝酒，试图要挟迫使刘沆接受某些条件，但刘沆严词拒绝。他始终坚持国家的利益和尊严，不畏强权，体现了大义凛然和清廉公正的品格。这次出使，不仅展示了刘沆的坚定立场和外交才能，也反映了他的责任感和原则性。

（二）陈诚出使西域

陈诚（1365—1458），吉水县人。明洪武二十七年（1394）中进士后，在吏部任职，主要从事外交事务。永乐年间，朝廷为了扬国威，通商贸，结友好，开展了持续数十年的大型外交活动。一是郑和七下西洋，二是陈诚多次率使团出访西域各国，历尽艰辛，前后近30年。郑和下西洋广为人知，而陈诚出使西域世人却知之不多。但是在当时两者齐名，同等重要。北京中华世纪坛的青铜甬道上，镌刻了他的功绩。

陈诚在吏部任职时，明朝西部边陲嘉峪关西北方向分散着十几个大小

陈诚雕像

不一的邦国，大都依附明朝，定期朝贡，唯独哈烈国不从，拒绝称臣。明初，朱元璋曾派使臣去威慑，派兵去扬威，均不见成效。使臣还被哈烈国的邻邦撒马儿罕扣留。明成祖朱棣登基后，又多次派专使携国书，赠彩印文绮给哈烈国主，终于感动了他，同意派人随明朝的使臣进京朝贡，沿途的十几个小国家也都派使臣一同前往。永乐十一年（1413）夏，西域诸国庞大的使团到达京城，引起了轰动。尤其是西域的狮、马、豹等稀奇动物和使臣的奇装异服，令臣民惊奇。朱棣大喜，命陈诚率大型外交使团回访，重新签订与西域各国的睦邻友好条约以及通商互市的协定。

1413 年 8 月，陈诚率领由各类官员和专家组成的使团，从北京出发，经河北、山西至西安，过咸阳入兰州，穿河西走廊到嘉峪关，出玉门进入西域，在荒漠漫漫征途上艰难地行进。先访哈密国，后依次访问了火州城、盐泽城、吐鲁番、于阗、谒石、赛兰城、撒马儿罕，最后到达哈烈，共访 17 国，包括阿拉伯半岛部分区域。哈烈距嘉峪关 12700 里，加上绕道访问他国，单程不下 1.5 万里，来回花了整整三年。陈诚诗文中，对艰苦征程作了记载，要爬过雪山，穿过戈壁，钻进丛林，涉渡恶水，迎着狂风，抵抗流沙。有时是"杯泉杓水求不得，且向道旁少休息"；更有"六月度阴山，阴山雪数尺"的境遇。更难受的，是要迈过素有"火州"之称的吐鲁番盆地。他在《火焰山》诗中写道："一片春烟一片红，炎炎气焰欲烧空。春光未半浑如夏，谁道西方有祝融（火神）。"据说，陈诚第一个将此地称作"火焰山"并写下诗歌。又据说 100 多年后的吴承恩在创作《西游记》时，读了陈诚的诗，选用了这个地名，安排了孙悟空和牛魔王夫妇借扇斗法的故事。虽然经历风餐露宿、日晒雨淋的艰辛，但陈诚觉得自豪和荣幸。他们在被访问的国家，受到了热情的接待，君主臣民"皆向风慕义，尊事朝廷，奔走迎送，惟恐或后"。在商谈友好条约时，"才读天子诏，一声欢笑动春雷"，他顺利地完成了各项使命。

西域各国见陈诚所率的使团诚恳地为和平和互助发展效力，便随即派出 300 多人组成的使团来明朝洽谈经

陈诚画像

济贸易事项，建立长期友好的通商互市合作关系。明朝廷又于1416年和1418年两次派陈诚率团出使西域各国，以示安抚和亲善，巩固友好关系。陈诚三次出使西域，促进了明朝与西域各国的友好交往。苏联历史学家弗拉基米尔·佐夫评价他："以真诚的态度和不放弃的精神，给帕米尔高原周边各民族带来了和平与安宁，他是15世纪最杰出的和平使者。"他出使西域没有给后人留下什么珍宝，只带回了一株树苗，栽种在吉水老家的庭院中，至今郁郁葱葱。

陈诚还有一项突出成就，就是他在漫长的征途中，坚持把沿途和访问国的所见所闻，详细记录下来，内容有山川、气候、物产、建筑等有形之物，也有饮食、服饰、语言、习俗等民俗风情，还有经济交往、政治组织、宗教信仰、武装力量等方面，汇集成《西域行程记》《西域番国志》两书呈献朝廷。这是有史以来我国第一份全面、系统记载西域各国自然与社会情况的文献，为历代王朝制定对西域的外交政策提供了可靠的依据，对如今我国"一带一路"倡议仍有参考价值。

（三）郭汝霖出使琉球

郭汝霖（1510—1580），字时望，号一崖。永丰县人。明嘉靖三十二年（1553）中进士。嘉靖三十八年（1559），明王朝藩属国琉球，派外交使节带着国书和贡品，朝拜世宗皇帝，转达了愿与大明王朝建立友好关系，互通贸易往来之意。世宗皇帝表示同意，决定派出外交使臣出使琉球国。琉球为岛国，远离北京，出使者需跋山涉水从北方到东海岸边，再乘坐木舟漂洋过海才能到达，需要一两年甚至更久时间。旅途艰辛，稍有不慎就会有船翻人亡之灾。派谁去完成这次艰巨的外交使命呢？见皇帝为难，郭汝霖便自告奋勇说，臣愿出使琉球岛国。世宗皇帝非常高兴，因为郭汝霖入朝以来，对外交关系有独到的见解，派他出使琉球国，必能胜任这次使命，于是任命他为外交正使，又命另一位大臣为副使，并赐冠带和一品官服，以示对使者的重视。

按照惯例，凡是出使他国的外交正副使节，可各乘一舟前往，每只舟的使用经费不少于白银千两。郭汝霖想，出使琉球国水路遥远，正副使节分乘两舟，消耗国家的资金太多，上奏提出为节省开支，出使琉球国正副使节共乘一舟前往。世宗皇帝欣然同意。郭汝霖择日带着国书领着使团出发。这是他第一次乘坐船只漂洋过海，没有航海经验，上船以后海上风大浪急，船体颠簸，整天头昏脑涨，直吐得翻肠倒胃，非常难受。郭汝霖把个人安危置之度外，想的就是怎样克服困难，尽快完成这次外交使命。

经过一年多漫长艰险的行程，第二年夏天郭汝霖抵达琉球国。郭汝霖一上岛，顾不上航行辛苦，立即代表宗主国明王朝向国王递交了国书，对藩属琉球举行了封赠仪式，签订了相关的条约。琉球国王得到了明王朝的赐封以后，非常高兴，为感谢郭汝霖不辞千辛万苦，冒着生命危险履行外交使命，特意铸造了40两精美的马蹄形黄金赠送，郭汝霖坚辞不受。

郭汝霖出使琉球，处处留心确认琉球国的界限，以分清明王朝与琉球两国的海上疆界。册封琉球后，他在1562年上交《琉球奉使录》给朝廷，明确记载了琉球与明王朝疆域界限，还有钓鱼岛的位置，具有重要的历史和现实价值。如"闰五月初一日过钓鱼屿，初三日至赤屿焉。赤屿者，界琉球地方山也"。其中的"界"字用为动词，具有靠近、对着、连接和界定之意，即赤尾屿是对着并连接琉球地方的界山。

　　还有两位获科举榜眼的庐陵名臣，任外交大臣出使邻国，不辱使命，出色履职，书写了外交史册中的佳话。一位是刘戬（1435—1492），安福县人，殿试一甲第二名进士，明成化十一年（1475）为外交大臣出使交趾国（今越南）平息边境之乱。屡拒厚礼，交趾建"却金亭"颂其清廉。

　　另一位是徐穆（1467—1511），吉水县人，明弘治六年（1493）殿试一甲第二名进士。正德元年（1506），明武宗命他为正使，出使朝鲜诏告大明历法，并赐他麒麟一品服。徐穆一踏上朝鲜国土，便得知朝鲜国王迎诏不准备行郊迎道跪之礼。徐穆援古证今，分析利弊，说服了朝鲜国王，以最高的礼节恭迎大明天子的圣诏。在朝期间，国王屡次派遣陪臣提出多

种多样的问题，但都没有难倒徐穆。完成使命归国时，朝方所馈赠的珍贵礼品，徐穆全部拒收，受到朝鲜国人交口称赞。

习近平总书记指出："开放包容始终是文明发展的活力来源，也是文化自信的显著标志。""中华文明的博大气象，就得益于中华文化自古以来开放的姿态、包容的胸怀。"

中华文化具有兼收并蓄的开放包容性，庐陵文化作为中华文化的组成部分，具有鲜明的地方特色，同样是吸纳各种文化，在

晨曦中的青原山

相互交流互鉴中不断焕发新的生命力。吉安三面环山，北部是平坦的盆地地形，正好接受从北面传来以儒家思想为主体的各种文化，庐陵很好地适应了传统社会政治文化发展的需要，促使一代代忠贞节义之士涌现，塑造了以"文章节义并重"为典型特征的庐陵人文精神。凭借沟通南北交通的黄金水道赣江，处于中枢位置的吉安，成为物流、人流、信息流的集散中心，面向八方全面开放，成为江南望郡"金庐陵"。富饶的吉安接纳了为避战乱沿着赣江溯流而来的一批批北民，众多人口的移迁流入，是强大的生产力，有力地促进了文化的交流与发展。以先进的中原文化为主的各方文化交流融汇，给吉安社会带来了新的气息。从不同地方而来的人，为了生存，为了后代的兴旺，必须抛弃不合时宜的思想观念，主动探寻适应时代需要的生存方式，这就从客观上为社会的繁荣注入了生机。吉安宋、明时产生的杰出人物，如欧阳修、文天祥、周必大、胡铨、杨万里、解缙等先贤的先祖，都是从北方南迁定居的。文化交流交融的历史，无不印证着自古以来所拥有的兼收并蓄、开放包容的基因，使庐陵文化成为中华优秀传统文化中璀璨的明珠之一。

开放包容不仅是一种道德价值观，也是推动社会发展进步的重要因子。在吉安建设与发展的漫漫征途上，开放包容不仅体现在对外部世界的接纳，也体现在对内部差异的包容。需要我们在对外交流与合作中，摒弃偏见和歧视，追求平等与公正，坚持不忘本来、吸收外来、面向未来。

第七章

风骨永续

　　文化的生命力在于创新，文明的赓续在于传承发展。中华优秀传统文化是中华民族的精神命脉，是涵养社会主义核心价值观的重要源泉，也是我们在世界文化激荡中站稳脚跟的坚实根基。庐陵文化作为中华优秀传统文化当中的一颗璀璨明珠，始终跟随时代的脚步在创造性转化和创新性发展，在赓续文脉的同时为我们提供思想、精神和生活方式的灵感和启示。我们要在习近平文化思想的指引下，将庐陵文化的精神追求加以凝练、展示，将庐陵先贤的风骨永续传承，在推进中国式现代化的进程中展现新形象、新作为。

一、庐陵文化为井冈山精神的孕育和形成提供了深厚滋养

　　井冈山精神是井冈山时期留给我们最为宝贵的财富，它能在庐陵大地上诞生有其客观必然性。马克思主义认为，社会存在决定社会意识。任何精神的孕育与产生，都与它的历史、人文有密切的关系，具有鲜明的历史传承性。庐陵文化在历史发展过程中，不断地吸收外来文化因子而逐步形成了特有的地域文化。不可否认的是，庐陵文化深刻影响和深度浸润了井

光辉井冈

冈山精神，为其孕育和形成提供了深厚滋养。

（一）"忠贞爱国、丹心节义"的庐陵风骨为"坚定执着追理想"提供了深厚滋养

庐陵文化中最富盛誉的是《正气歌》所体现的正气精神，它是民族英雄文天祥用生命谱写的充满爱国情愫、坚贞气节、高尚情操的人生浩歌，也是他在民族命运遭遇危机时对"臣心一片磁针石，不指南方不肯休"的坚定信念的生命承诺。"苟利国家生死以，岂因祸福避趋之。"为维护国家和民族的根本利益，庐陵先贤不畏艰险，以死谏忠言、斗奸臣，浩然正气跃然汗青，欧阳珣、何昌言、刘俨、李时勉、刘球等庐陵先贤都是这种忠心为国、坚守道义、满怀正气的杰出代表。忠贞爱国、坚守气节是庐陵

文化的精神传统，是正气精神的最有力彰显。一句"人生自古谁无死，留取丹心照汗青"，激励了无数井冈儿女乃至全国爱国志士在革命斗争时期抛头颅洒热血。井冈山斗争时期牺牲了48000人，而其中有名有姓的仅15744人，绝大多数是无名英雄，这绝非偶然。为求正义，庐陵先贤敢于牺牲，不计功名。700多年前，文天祥的妹夫彭震龙聚兵抗元，在永新城西皂旗山被敌围困，三千义士无一投降，全部跳入深潭中牺牲。这种为民族大义而捐躯的精神基因随时空流转，生生不息，深深影响着一代又一代庐陵后人。革命先辈深受庐陵文化感染，毛泽东对文天祥的精神颇为推崇，曾草书《过零丁洋》和《正气歌》，朱德曾写下诗文礼赞文天祥"仪表堪称后世师"，鲁迅也认为"文天祥是给中国人争面子的"。可以说，井冈山精神蕴含了庐陵文化的信念基因。井冈山的革命理想是解放全中国，

吉安县文天祥纪念馆

救民于水火的爱国理想，是中国共产党带领民众以坚定的信念、不屈的意志追求幸福生活的革命信念，一定程度上是对"忠贞爱国、丹心节义"庐陵风骨的赓续传承。

（二）"革故鼎新"的庐陵风骨为"实事求是闯新路"提供了深厚滋养

庐陵文化具有革故鼎新、开拓创新的精神。欧阳修是北宋诗文革新运动的领袖、杨万里是诚斋体创始人、杨士奇是台阁体诗派创始人，解缙主持编纂的《永乐大典》、罗洪先绘制的《广舆图》、周必大主持刻印的大型类书《文苑英华》、曾安止撰写的《禾谱》、郭维经父女发明的龙泉码、欧阳必进发明的人力耕地机等，各领域取得的一系列成就，都是庐陵先贤革故鼎新的智慧结晶。庐陵先贤从政处事重现实，讲实效，办实事。周忱制定"平米法"，是深入民间，经过详细调查弄清底细之后，在尊重事实的情况下而进行的改革，使得各府官田、民田征税一律，加耗平均，负担合

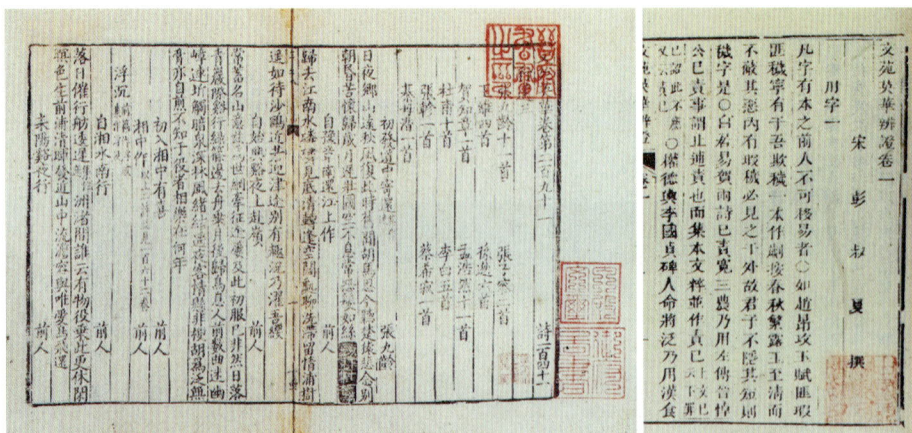

周必大刊刻《文苑英华》吉州刻本

理公平，赢得百姓称颂。欧阳修针对当朝"无财用、无兵、无将"的建言献策，胡铨上言的"修德、结民、练兵、观衅"四事等，都是针对当时朝廷现状而提出的有效创见，是实事求是的典范，表现出一种敢于破除旧习、大胆革新的勇气。这些开拓创新事迹接续呈现的背后，就是庐陵文化的不断传承。在井冈山斗争中，无数吉安儿女为寻求革命新路奔赴战场，这与庐陵文化的深厚积淀有关。习近平总书记指出，"实事求是、敢闯新路是井冈山精神的核心。""工农武装割据，农村包围城市"的井冈山革命道路就是实事求是闯新路的有力体现，它是毛泽东经过长期的调查研究得出的科学结论，它打破了照搬照抄苏联模式的历史窠臼，是在尊重中国具体国情基础上作出的伟大抉择。井冈山斗争时期，以毛泽东为代表的中国共产党人根据革命实际，先后作出向敌人薄弱处进军、引兵井冈、三湾改编、建立根据地等多次"闯"的重大决定，井冈山人民都积极响应，身先士卒，一定程度上是对"革故鼎新"庐陵风骨的赓续传承。

（三）"勤政廉明"的庐陵风骨为"艰苦奋斗攻难关"提供了深厚滋养

庐陵先贤人人廉明，是跨越时空的廉政楷模。王言被康熙皇帝誉为"天下清官第一"，为官数载，家徒四壁，住所简陋，粗茶淡饭。刘戬出使交趾国，以一首《初入关》诗谢绝该国馈赠的厚礼，留下"却金亭"让后人凭吊其清廉事迹。杨万里为官清如水，并把正派清廉奉为治家法则，教育他的儿子要为官清正廉明。永新人刘沆任过地方官和工部尚书、刑部尚书等要职，出任宰相是他仕途的高峰。刘沆虽然位高权重，可他十分清廉，当有人举荐刘沆的儿子为官时，他一概谢绝，让儿子与平民学子同样参加考试，按成绩录取，而对富有才学的平民子弟，刘沆则极力推荐任用。他反对任人唯亲徇私情，不仅身教示范，还上书《中书三弊奏》指出其中弊病，奏请皇帝用人唯贤，打破任人唯亲的旧弊。这种清廉的作风延续传承，为井冈山斗争时期军民艰苦奋斗、艰苦创业夯实了文化根基。井冈山斗争时期，条件极其艰苦，红军在缺衣少食、缺医少药的情况下，还要三天一小仗、五天一大仗地行军打仗。毛泽东在《井冈山的斗争》一书中感慨道："好在苦惯了，而且什么人都一样苦，从军长到伙夫，除粮食外一律吃五分钱的伙食。"红军官兵这些行为表现不仅仅是官兵平等理念的实行，更是红军官员廉明的体现，一定程度上是对"勤政廉明"庐陵风骨的赓续传承。

（四）"守信向善、开放包容"的庐陵风骨为"依靠群众求胜利"提供了深厚滋养

庐陵先贤守信向善，也普遍关注民间疾苦，主张"觉万民之痛痒者，爱及乎万民"，如文天祥、胡铨、周必大、周忱、刘沆等都是为民请命的人。庐陵文化开放包容，北民南迁、客家回移，庐陵大地像生身母亲一样，为其提供土壤、空气、水以及人文滋养。"爱民、恤民"是庐陵文化精神的归结和落脚点，这些思想融入井冈山精神，深深影响着大革命时期的吉安志士，为救民于水火，毅然加入中国共产党，在湘赣边界传播马克思主义，引领群众掀起革命高潮，为井冈山精神依靠群众求胜利谱写了华章。依靠群众求胜利是井冈山斗争的法宝，当时，所有官兵严格遵守"三大纪律、六项注意"，以诚信赢得了群众信赖，凝聚了人心，构筑了井冈山人民与红军的鱼水深情。井冈山以极其开放包容的姿态迎接万千将士，宽待、改造俘虏，争取中间阶级，保护中小商人，极大地壮

大了革命力量，为中国革命的胜利奠定了基石，一定程度上是对"守信向善、开放包容"庐陵风骨的赓续传承。

二、庐陵文化为涵养社会主义核心价值观提供了重要资源

习近平总书记指出："培育和弘扬社会主义核心价值观必须立足中华优秀传统文化。"中华优秀传统文化是社会主义核心价值观的"根"和"魂"，立足中华优秀传统文化培育和践行社会主义核心价值观，是固其根本、浚其源泉之道。庐陵文化作为特色鲜明、底蕴深厚的地域文化，是中华优秀传统文化大家族中的重要一员，它继承了传统文化的优秀基因，为涵养社会主义核心价值观提供了重要资源。

（一）从国家层面看，庐陵文化崇尚守信向善、重视民为邦本，求大同、尚和合，关注国家前途命运，主张执政者要主动满足百姓的需求，蕴含着信民、爱民、惠民思想，与社会主义核心价值观中的"富强、民主、文明、和谐"密切关联

追求国家富强是庐陵先贤的普遍理想，是富强价值观的有力彰显。庐陵地区历史上涌现了很多状元、进士、宰相，造就了不少定国安邦之才。他们始终以国家富强为己任，在各自的从政生涯中提出过很多富国强兵的谏言，甚至为了国家富强，采取了一系列改革措施。胡广上奏《却封禅颂》，委婉地劝诫明成祖不要搞劳民伤财的封禅仪式，目的就是希望皇帝不要因为这些没有实际意义的事情而损伤国家财富。胡铨在御

试策中提出"治道本天"的强国富民观。杨士奇婉辞皇帝给他多加的一份俸禄，说这份俸禄可以养军士60人。为朝廷节省些开支，用于国家急需的地方，是庐陵先贤富国强兵的一贯主张。周忱在总督江南税粮的过程中，通过改革一些旧的赋税征用体制和办法，为国家财政减少了不少开支。他首倡的金花银制度，使得国库日益丰盈。这些都是追求国家富强的治国思想。

庐陵文化重视民为邦本，是民主价值观的历史表达。庐陵士人关注人民疾苦，蕴含着信民、爱民、惠民思想，体现出"以民为本"的理念。民为邦本、天下为公是庐陵文化精神的本质。北宋状元何昌言说："省一分，民受赐一分；要一钱，便不值一钱。"明末状元刘同升说："我瘠天下肥，我忧天下乐。存此易地心，瓢饮亦不恶。"杨万里更是仁民爱物，恤民一生，他强调"天人合一"的和谐发展观，主张以仁爱来处理人与人之间的关系，以及人与自然万物之间的关系，这些思想在他的诗歌当中体现得尤为明显。民主一词最早源自古希腊语，本义是"人民统治""主权在民"。庐陵先贤的这些思想主张，毫无疑问是民主思想的表达。

庐陵文化是文明其精神的文化，是文明价值观的直观抒写。崇文重教表现得十分突出，自唐代皇寮书院开办，特别在北宋后，形成序塾相望、弦诵相闻的浓厚学风，人无贵贱，无不读书，以至三尺童子稍知文章，乡民知书达理，人多儒雅。浓郁的书香之气，让整个社会笼罩了一股文明的祥和气氛。庐陵文化崇尚勤俭，主张奋斗。如"一粥一饭当思来之不易，半丝半缕恒念物力维艰""二字箴言惟勤惟俭，两条正路曰读曰耕"等联语的流行体现了对勤俭持家的崇尚。箍俚龙、舞虾蚣灯、舞麒麟狮象灯、打蚌壳、吃新节等民俗活动，反映了庐陵人民勤劳奋斗的理念。庐陵文化还注重乐善好施、和睦邻里等等，这些都是文明价值观的体现。

庐陵文化求大同、尚和合，是和谐价值观的种子基因。庐陵文化重视和合思想，注重家族、乡邻之间的相互交流、相互合作、相互支持，形成共识共为、团结拼搏的浓厚氛围，也正因此出现了庐陵科举在中国科举史上前无古人、后无来者的辉煌。历史上庐陵经常出现"一门三进士、一门四进士、一门五进士"的现象，缔造了"父子探花状元，叔侄榜眼探花，隔河两宰相，五里三状元，九子十知州，十里九布政，百步两尚书"的科举盛况。庐陵文化开放包容的精神处处得到彰显。秦置庐陵县后，这个僻远之地的人口逐渐增多，至西汉时期，庐陵人口已达 2 万。唐代以后，人口急剧增长，元贞元年（1295）已达到 222 万人，相当一部分是北方迁入的。今天，吉安有不少客家人。据不完全统计，全市客家人近 100 万。庐陵海纳百川，各氏族在历史发展中相互包容，相互融合，生活习俗和生产技术相互学习借鉴，共同发展，种下了和谐互助的文明基因。

（二）从社会层面看，庐陵文化重气节、尚道义，清廉清正，体现出"富贵不能淫，贫贱不能移，威武不能屈"的大丈夫气概，与社会主义核心价值观中"自由、平等、公正、法治"要求密切契合

庐陵文化刻入骨髓的坚定气节，为塑造自由这一社会主义核心价值观提供了精神基石。自由是一个内涵丰富的概念，是马克思主义的终极追求。在人们的日常认知中，自由与约束和限制相对，是一种摆脱束缚、无拘无束的自在状态。在一个社会群体中，真正的自由应该是指每个人的

自由。庐陵文化丹心节义的风骨，体现了对自由的追求与向往。"天地有正气，杂然赋流形……"《正气歌》表达了文天祥对追求正义和自由的坚定信念。他相信正义和自由是宇宙赋予万物的本质，即使在艰难困苦的时刻，这种信念也不会消失。庐陵先贤坚守气节绝非一时意气，更非为一己私利，而是在国家民族遭遇危难时为民族自由而舍身救国的英勇担当。为了国家民族自由，胡铨敢于直谏皇帝乞斩奸臣秦桧、王庭珪敢于撰写诗文《送胡邦衡之新州贬所》附和胡铨上书言事，目的就是为了不让朝廷败在奸臣手中而丧失民族自由。"始知锁向金笼听，不及林间自在啼。""臣心一片磁针石，不指南方不肯休。"对自由的追求和向往也体现在庐陵先贤的诗词佳文中，他们崇尚自由，为自由而奋斗，为自由而斗争，已然成为一种气节，为塑造自由这一社会主义核心价值观提供了精神基石。

庐陵文化与生俱来的开放包容为塑造平等价值观提供了文化支撑。平等既包括政治平等、经济平等、社会平等等不同层面，也包括权利平等、机会平等、身份平等、资源平等诸内容。庐陵文化开放包容的风骨体现了平等的思想观念。北民南迁，客家回移，庐陵人并未将其视为外地人或外族人加以排斥，而是以极其包容的胸怀对其接纳、帮助并共谋发展，体现了天下一家亲的平等观念。"陈诚三出西域"堪与"郑和七下西洋"齐名，陈诚在吏部任职时曾多次率团出访西域各国，虽是为了扬国威，巩固明朝在西部的统治，但是在整个过程中，他不仅仅注重维护大国尊严，更注重睦邻友好，在处理与周边国家和地区事务时始终有礼有节，这种与他国相知相交相和的外交风范不仅是开放包容的风雅，更

白鹭洲书院棂星门

是对平等观念的时代诠释。白鹭洲书院是江西四大书院之一，培养了文天祥、邓光荐、刘辰翁等一批爱国志士。书院以勉学为主，生员之间、师生之间注重"互看会文，摘谬批疵"的讲会制度，这种互相切磋、质疑问难的学习方式，是兼收并蓄的开放包容思想的有力彰显，对塑造平等价值观念有极大的促进作用。

　　庐陵文化矢志不渝的廉明风范为塑造公正价值观提供了价值基础。公正的内涵在于"给予其所应得"。社会公正最重要的内容，就是要对权力进行合理分配，依据合理的尺度来分配权力和自由、权力和机会、收入和财富等社会资源。庐陵文化刻入骨髓的廉明，为追求公正价值观提供了价值基础。庐陵先贤在朝廷任官的很多，立朝端正，推行简政、整肃贪腐、廉以用权、不徇私情是他们最突出的表现。明代吉安县人陈文，任云南右布政使期间，废除了当地隶籍官府的人要比内地差役多交 3 倍白银来抵免劳役的不公平规定，避免了官吏心生不满而对百姓巧取豪夺现象的产生。陈文还严厉惩治了云南一批掌管税收的贪官污吏，不仅令一些官员由于工资被贪官侵占克扣导致几年都拿不到薪俸的事情得到有效解决，而且使得他执政下的云南入库的税额增多，国库逐渐充盈，地方官吏也因为得到公正的待遇，从而工作尽心尽责，社会治理安定有序。以廉明从政还社会公平是庐陵先贤代代传承的价值观念，为塑造公正价值观提供了坚实基础。

庐陵先贤根深蒂固的道义观念为塑造法治价值观筑牢了道德基石。法治是人类政治文明的重要成果，是现代社会治理的基本框架。大到国家的政体，小到个人的言行，都需要在法治的框架中运行。庐陵先贤崇正直、尚道义，严格遵守纲常法纪，践行"王子犯法，与庶民同罪"的理念，在当时社会法治建设中功不可没。刘沆任宰相时，永新老家的族人欠交官租数十万石，几任地方官因顾及当朝宰相，不敢对这个家族催缴。后来换了县尉，新任的程县尉把刘家的人拘捕起来，令其交清欠租才放人。当他们向刘沆报告此事时，刘沆并不包庇，立即回信要求县官应大胆秉公执法，还表扬程县尉执法严明，并为家族欠租而道歉。周必大先后官拜右丞相、左丞相，始终为国富民强殚精竭虑，为了达到富国强兵的战略目的，他实行了一系列有效措施，尤其注重法治。他发现军队里有的军官不懂军事，靠裙带关系或行贿而获职，有的还虚报兵丁，冒领军饷，贪赃枉法，为此，周必大制定了

吉安县周必大纪念馆

"诸军点试法"来整肃军纪，明确军官升迁和差遣的法条规定。邹元标十分注重法纪，他曾因张居正父亲去世不遵守停职三年守孝的封建礼法上奏皇帝，反被打八十大板，被贬官流放到贵州都匀卫。张居正死后，邹元标被重新起用，返朝任史部给事中，直言进谏要严肃政令法纪，受到皇帝重视和采纳。庐陵先贤主张用法律保护良善，塑造诚信，为法治价值观筑牢了道德基石。

（三）从个人层面看，庐陵文化蕴含着忠贞爱国、重信守诺、向善包容的精神气质，与社会主义核心价值观中的"爱国、敬业、诚信、友善"等道德要求相一致

庐陵文化忠贞爱国的精神特质与社会主义核心价值观中爱国的道德要求相一致。庐陵的仁人志士崇尚尽忠报国，讲求重义轻利。尚正直、持刚强是庐陵人可贵的道德观念和思想品性，是庐陵文化的精髓，也是社会主

杨邦乂画像

义核心价值观的重要反映。在历史上，无数庐陵仁人志士忠君爱民，一腔热血满腔忠诚只为爱国。为守江山，他们除恶务尽、斩奸必绝，不畏避、不退让。面对奸臣秦桧把持朝廷大权，卖国求和，胡铨上奏"斩奸书"并与其殊死斗争，面对皇帝执迷不悟而求和，胡铨宁愿"赴东海而死"。明初宣宗、英宗皇帝迷恋声色方术，不理朝政，操弄军政大权的宦官王振不但不布置边防，反而接受瓦剌贿赂，私运兵器与瓦剌贸易大发其财。刘球上书皇帝指出"瓦剌包藏祸心"，得罪了王振，后被王振陷害。为护山河，他们视社稷为重君为轻，宁死不降。文天祥毁家救国，变卖家产充军资，率领义军抗元，最终兵败被俘，朝廷投降，元朝统治者对其数次劝降，他从未动心，用凛然大义抒写了爱国之情。杨邦乂率兵抗金，兵败被俘后宁死不降，被金人在雨花台下剖腹取心而死，朱元璋赞其为"天地正气，古今一人"。欧阳珣为维护国家尊严，未按皇帝旨意割地卖国，被金人活活烧死。这种遍布庐陵大地的爱国情结，与社会主义核心价值观中爱国的基本要求相一致。

庐陵文化中勤勉务实的精神特质与社会主义核心价值观中敬业的道德要求相一致。刘沆在舒州、衡州、江宁、潭州、洪州、开封等地做过知州等地方官职，他十分勤勉，不仅处理了许多积年旧案，平反冤案，解决了一桩拖了近20年的田地争夺案，还通过不厌其烦地做大量细致的教育感化工作，招抚农民起义军2000多人，平息叛乱。周必大历事四朝，从政50余年，兢兢业业、克勤克俭，为国富民强殚精竭虑。杨士奇辅佐朝廷从建文到英宗五代皇帝，在阁42年，其中任首辅20多年，均受皇帝信任，与他勤于政事是分不开的。他洞悉政局，极力稳固太子地位，避免了太子之争给政局稳定带来的伤害。他勤于思考，为朝廷制定安邦良策，有效推动了宣宗励精图治，勤于朝政，理国安民。庐陵先贤执着勤勉，从政者不敢有丝毫分心，殚精竭虑其政务；读书人勤奋，著述5700多种，为我国留下了宝贵的精神财富；耕种者勤劳，因而吉安自古被称作江南粮仓。庐陵先贤不仅身体力行勤勉勤劳，还留下了诸多关于勤勉的箴言堂训，诸如"或读诗书或种田，都该早起夜迟眠。工商亦是寻生计，急急勤劳莫息肩"的诗句、"勤是摇钱树，俭是聚宝盆"的民谚，与当今社会提倡的敬业的道德要求相一致。

庐陵文化诚实守信的精神特质与社会主义核心价值观中诚信的道德要求相一致。庐陵先贤待人真诚尤其体现在尊师重教方面，如罗伦立雪拜师就是典范。庐陵地区自古就十分尊师，如民间建文昌阁、敬文庙、拜孔夫子的习俗就是一种体现。庐陵先贤的诚实还体现在处事尊重事实、实事求是的思想观念上。文章合为时而著，歌诗合为事而作。欧阳修改革文风就是要扫除那种写不切实际空洞文章的险怪虚夸文风，引导学子针对社会现实进行思考，作出行文通畅明了、对富国强兵提出可行对策的实用文章。庐陵先贤重信守诺，他们践行履职承诺，诚信为民，信奉"但民称便，即是良吏"。他们诚信经商，"一个包袱一把伞，走出家门当老板"。庐陵先贤做遍天下生意，正如《广志绎》记载："滇云地旷人稀，非江右商贾侨居之，则不成其地。"他们还留下"第一先须学至诚，欺心昧己坏天真，试看纬地经天业，不是虚浮做得成"的训诫，以此告诫后人要讲诚信，不可欺诈。这些都与当今社会提倡的诚信的道德要求相一致。

庐陵文化向善包容的精神特质与社会主义核心价值观中友善的道德要求相一致。庐陵文化崇尚行善积德，存仁尚义，一生布衣蔬食，却慷慨捐资建学校、筑路桥、赈灾害的康文卿就是突出代表。行善积德一直在吉安民间传承，吉安城西曲濑镇水南村的把奶桥、吉安县桐坪镇罗家村的三拱石桥、遂川县龙泉镇的乐善桥，就是行善积德的实物见证，至今保存完整的义仓义学也是庐陵富商救助百姓善行义举的见证。庐陵文化向善的优良传统还刻于堂训中、载于家谱上。《庐陵马塘西溪刘氏族谱》中"族诫"载："一、正心术。……如为慈、为惠、为仁厚、为坦直、为忠信廉节，念念只循天理，都是心术好的。如为忍、为忿、为刻薄、为险峻、为贪嗔妒唆，念念只徇私欲，都是心术恶的。"这些传统美德都是积极向善的观念。庐陵文化对外来人口的包容接纳实际上也是一种友善价值观的体现，因此，庐陵文化向善包容的精神特质与社会主义核心价值观中友善的道德要求相一致。

三、当今吉安良好的社会风气与庐陵文化精神一脉相承

文化是一个社会的精神财富，包括价值观、道德规范、艺术、宗教信仰等各方面。这些文化元素会影响人们的思维方式和行为习惯，从而形成特定的社会风气。庐陵文化是特色鲜明的地域文化，在这种文化精神濡染并不断传承发展的过程中，庐陵人的思想观念、思维方式、行为习惯和个性特质都有着独特的地域风格，通过人物外化出显性的优良政风民风家风，其实质与庐陵文化精神是一脉相承的。

（一）从政风来看，以曾建等为代表的当今吉安优秀干部勤政廉明、忠诚担当，他们在脱贫攻坚战、"十大攻坚战"等事业中始终心怀国之大者、爱岗敬业、务求实效，与庐陵文化勤政廉明的风骨一脉相承

庐陵先贤政风清明。他们崇尚清廉，将清清白白做人、干干净净做事、坦坦荡荡为官作为立世传家的法宝，有如封坛退鱼的陶母，兴诗教家风的杨万里，皇帝诗赞的清官毛伯温，皇帝亲笔题写的"天下清官第一"王言。他们勤勉敬业，在工作岗位上踏实肯干、兢兢业业、一丝不苟，如欧阳修父子，"真御史"聂豹。他们以"明"为要，一身正气行天下，推行简政，牢记民为邦本，如改革赋税的周忱，推行"减火耗、省差徭"的王言。

岁月无声，星空无语，庐陵文化精神却时时在庐陵大地铿锵传唱。一代代庐陵人将勤政廉明奉为圭臬，在革命斗争年代、国家建设时期、改革发展阶段都写下崭新篇章。

全国优秀组工干部曾建就是当今时代展现勤政廉明公仆本色的突出代表。他忠诚为国，将红色基因融入血脉，井冈山革命根据地创始人之一陈正人的父亲张龙秀的墓碑是他每逢假期必扫的墓，张思德、雷锋、邱少云等英雄模范的传记是他成长路上一直相伴的精神养料。他勤于政事，把党的事业视同生命。由于任职岗位工作忙，多年在身的结核病总是没有得到系统检查和治疗，加上工作奔波，餐宿马虎，最终累倒了。他注重基层调研，在峡江工作时，走遍了全县1000多个自然村组，6年间写下了60多本民情日记。在市直单位工作期间，他跑遍了全市所有的乡镇。他清正廉明，坚持人情让位于原则。担任县级领导干部近20年，他从没有利用手中权力为亲友办过私事，也没有亲友沾过他的"光"，就连他的爱人和弟弟妹妹都不例外。担任组织部副部长、人社局局长期间，主抓人才工作，始终严格按照程序和标准，把最合适、最优秀的人才评选出来、推荐上去。曾建勤于政事、廉明纪律的公仆本色不仅仅是信仰的根基，更是得益于庐陵大地生生不息的人文滋养。

曾建式的干部在庐陵大地上不断涌现，他们在各自岗位上为"国之大者"尽职担当。习近平总书记明确指出"让人民生活幸福是'国之大者'"。广大吉安干部心怀"国之大者"，牢记习近平总书记视察吉安、井冈山时提出的"要在脱贫攻坚中作示范、带好头"的殷切嘱托，主动担当，倾力奋进，在决战决胜脱贫攻坚中展现新作为。为打赢这场脱贫攻坚战，吉安市从 2015 年开始选派机关优秀干部到贫困村担任第一书记，大力推行"党建＋扶贫"模式，全面推行"321"干部定点结对帮扶工作机制，全面推行"三个到位、志智双扶、两表公开、两表认定"工作方法，构建了"横向到边、纵向到底"的责任体系，合力攻坚。2017 年 2 月 26 日，井冈山成为我国贫困退出机制建立后首个脱贫"摘帽"的贫困县。

今日，吉安市委、市政府正聚焦"走在前、勇争先、善作为"目标要求，团结带领广大干部群众，锚定"三区"战略，打好"十大攻坚战"。在这场攻坚战中，市委、市政府主要领导担任总指挥长，设 10 个专项攻坚战指挥部，市四套班子齐上阵、各级各界共参与。在如火如荼的"十大攻坚战"一线，干部之间上下联动、左右协同，个个都是"吉先锋"。他们秉持革故鼎新的庐陵风骨，发扬实事求是、敢闯新路的井冈山精神，解放思想、破冰突围，以"等不起、慢不得、坐不住"的紧迫感担当实干，全面深化改革，通过持续优化"吉事即办"政务服务，坚持和完善"亲清连心政企恳谈会"制度，纵深推进开发区管理体制、普惠金融、跨境电商、国资国企等重点领域改革，持续优化提升营商环境。2023 年，入选"万家民营企业评营商环境"全国地级市前十，盘活存量求增量攻坚行动获评全国"亩均论英雄"专项创新案例，持续推出一系列叫得响的品牌。

（二）从民风来看，以全国道德模范毛秉华等为代表的吉安好人不断涌现，他们展现的乐善好施、刚健进取、向上向善等良好民风与守信向善的庐陵风骨一脉相承

庐陵地区自古民风淳朴，他们敬祖尊宗、尊师重道，以君子自强不息

的努力奋斗刚健进取，成就非凡人生。他们团结互助、文明和谐，强调以仁爱处理人际关系。庐陵士人内心存仁，从政者普遍爱民，施行了很多惠民政策，从商者普遍具有社会责任感，不仅捐款捐物，还开办义仓义学。普通百姓更是淳朴善良，乐善好施。

毛秉华，井冈山革命博物馆原馆长，他先后荣获全国道德模范、全国优秀共产党员、全国"五一劳动奖章"、中宣部理论宣讲先进个人、全民国防教育先进个人等260多项荣誉。他是井冈山精神的守望者和义务宣讲员，乐善好施的典型代表。他47年如一日地为井冈山精神义务宣讲1.5万余场，每年讲课300多场，听众累计达220万人次，但是从不收取讲课费和任何礼品。他是助人为乐的道德模范。毛秉华的离休工资大部分用于义务宣传所需的开支，并先后向汶川、玉树等地震灾区捐款8000余元，上交特殊党费和设立公益事业基金共5.1万元，累计捐款11万余元；先后为井冈山市畔田、龙市等15所中、小学筹资1100多万元，解决学校的危房改造、校舍扩建、道路不通和安全饮水等问题；个人捐款和筹款帮助了180多位家庭贫困的大、中、小学生上学读书。

庐陵后人刚健进取、勇于拼搏，他们继承了先辈对知识的尊崇和对学问的追求，即使身处艰苦环境，也能刻苦攻读。他们在知识的海洋中奋勇拼搏，在各类学科竞赛和学术研究中崭露头角，考入知名学府，不断攀登科学高峰，创新创造，为社会发展贡献力量。他们勇于拼搏。改革开放以来，许多吉安人走出家乡，凭借着勤劳和智慧，在市场经济的浪潮中摸爬滚打，积极投身于互联网、新能源等新兴产业，努力开拓市场。即便在创业初期面临资金短缺、技术难题等重重困难，他们也毫不退缩，勇于拼搏，最终取得了事业的成功，带动了当地经济发展。

庐陵后人"吉学善用"，传承文明。近年来，吉安市高度重视精神文明建设工作，创建"吉学善用"理论工作品牌，依托全市 2556 个新时代文明实践中心（所、站），创新宣讲机制，组建各类宣讲队伍，把党的科学理论和惠民政策编进文艺节目和文化活动之中，利用当地山歌、采茶戏、永新小鼓、快板等形式宣讲党的"好声音"，让

吉安采茶戏《有盐同咸》北京演出剧照

农民在家门口就能看到生动活泼的节目，在潜移默化中把党的方针政策内化于心、外化于行。在江西省率先出台《吉安市文明行为促进条例》，推行"文明乡风＋家庭积分＋美德积分"乡村治理模式，注重文明积分结果运用，广泛开展移风易俗"五个好"（移风易俗"好家庭"、孝老爱亲"好媳妇"、婚事新办"好公婆"、不要彩礼"好岳父母"、弘扬新风"好理事长"）选树活动，一批批先进典型不断涌现。

（三）从家风来看，当今吉安文明家庭典型、孝老爱亲典范的不断涌现，体现了吉安人民注重家庭家教家风建设，与庐陵文化注重良好家教家风涵养的优良传统一脉相承

家是最小国，国是千万家，天下之本在家。一个家庭若能够具备尊老爱幼、妻贤夫安，母慈子孝、兄友弟恭，耕读传家、勤俭持家，知书达理、遵纪守法，家和万事兴等中华民族传统家庭美德，这个家庭就能够和睦和美幸福，其内聚的家庭文明风气还能够形成正向反馈辐射传导至社会层面，以千千万万家庭的好家风支撑起全社会的好风气，成为支撑起中华民族生生不息、薪火相传的重要精神力量。

庐陵文化重视家风传承。诸多庐陵先贤在立下不朽功名的同时也树立了家风传承的榜样。周必大以《送纶丞郡临川十以箴》教育儿子莅官以勤、持身以廉、事上以敬、接物以谦、待人以恕……这一方面是周必大从他的父辈、祖辈们家教家风中传承下来的，另一方面也是他自己为官数十载的经验总结、人格写照。欧母画荻教子给了欧阳修很好的启蒙教育，也为塑造他非凡人格进行了良好奠基。欧阳修一生修文勤奋，为官清廉，并希望后代传承此家风。他在《诲学说》中教育次子欧阳奕"玉不琢不成

器，人不学不知道。"在《与十二侄》中教育侄子"汝与官下宜守廉，何
得买官下物？"胡铨一生忠义，并希望后代传承，他在家训中明确写道：
"立身忠孝门，传家清白规。"杨万里一生为官做人注重清白，而且注重端
正家风的培育，常以诗歌的形式，向后代传播修身治家、清廉为政的道
理。"母尝教我忠，我不违母志。"文天祥在国家遭受外族侵凌时，承母志
组建义军起兵抗元，并在母亲的支持下变卖家产充军资，可谓忠孝两全的
典范。他在赣州任知州时，为祖母庆贺 87 岁生日，请全城 70 岁以上老人
到官厅赴宴，并送给每人一份礼物，可谓孝老爱亲的典范。年少时，文天
祥在学宫先贤堂瞻仰欧阳修、杨邦乂、胡铨、周必大的画像时曾说，日后
我若不像他们那样做人，就算不得大丈夫。因此，文天祥的精神不仅仅是
家庭教育的结果，也是庐陵先贤风骨传承的结果。

　　家风是文化的缩影、文明的延续。从世族大家文字化的家训、家谱，
到普通百姓父母长辈的一言一行，家规、家教，虽然形式不同，但传递的
都是一个家庭或家族的道德准则和价值取向。作家马伯庸曾说：一个家族
的传承，就像是一件上好的古董。它历经许多人的呵护与打磨，在漫长岁
月中悄无声息地积淀，慢慢地，这传承也如同古玩一样，会裹着一层幽邃
圆熟的包浆，沉静温润，散发着古老的气息。生活在庐陵大地上的众多吉
安家庭，他们淳朴善良、孝老爱亲，成为全国人民学习的道德模范。他们
爱党爱国，传承红色家风，为井冈山精神义务宣讲接力传棒。他们爱岗敬
业，将深山林场护林做成了代代接续的事业。他们廉洁奉公，将一生奉献
给党的各项事业。这些精神特质的体现与庐陵文化注重家风传承的传统是
分不开的。

四、在"第二个结合"中推动庐陵文化传承发展

习近平文化思想开创性地提出"两个结合"，确立了当代中国的文化生命，其中"第二个结合"彰显了鲜明的问题导向，为庐陵文化的传承发展提供了新思路新方向。庐陵文化，作为中华优秀传统文化的重要组成部分，承载着千年的历史记忆与人文精神。在"第二个结合"视域下，我们应该传承弘扬"忠贞爱国""丹心节义""勤政廉明""革故鼎新""守信向善""开放包容"的庐陵风骨，与马克思主义人民立场、集体主义等观念相契合，赋予其时代价值，使庐陵文化在新时代焕发生机，为吉安乃至更广大地区新时代的政治经济社会发展提供精神动力。

（一）以"忠贞爱国"的精神特质融入新时代爱国主义教育

习近平总书记指出："爱国，是人世间最深层、最持久的情感。""5000多年来，中华民族之所以能够经受住无数难以想象的风险和考验，始终保持旺盛生命力，生生不息，薪火相传，同中华民族有深厚持久的爱国主义传统是密不可分的。""必须把爱国主义教育作为永恒主题。"庐陵文化饱含忠贞爱国的丰满情愫，可以为新时代爱国主义教育提供丰富素材。可将集中展现"忠贞爱国"庐陵风骨的相关内容融入地方教材、贯穿国民教育始终，走进高校、党校等各教育领域。将"忠贞爱国"庐陵先贤典型代表人物的雕塑、画像、诗词等作品制作成个性展示，融入社会文化建设。利用社区公共区域，打造富含庐陵文化的空间。综合运用报刊、电视、网络

等各类载体，充分发挥公共文化场所的作用，统筹宣传、创新表达，全力展现庐陵先贤忠贞爱国的风骨。

（二）以"丹心节义"的精神特质作为新时代涵养民族气节的精神标志

习近平总书记指出，要"增强全党全国各族人民的志气、骨气、底气，不信邪、不怕鬼、不怕压，知难而进、迎难而上"。庐陵先贤"丹心节义"的风骨就是那股不信邪、不怕鬼、不怕压的骨气。他们不畏强权、不畏奸臣，以正义加持，在国家民族遭遇侵袭的危难之际挺身而出，在治国理政盘根错节的艰难时刻迎难而上。今日中国已进入民族复兴的关键时期，世界正在经历百年未有之大变局，国际政治、经济、科技、文化、安全等格局都在发生深刻变化，党员干部的理想信念也必然经历重大考验。穷且益坚，不坠青云之志。在这关键时期，迫切需要以庐陵先贤这种丹心节义的风骨来涵养中国人的气节，增强做中国人的志气、骨气、底气。为此，我们可以从庐陵文化的正气中，感悟庐陵先贤的赤诚丹心，接受精神洗礼，让党员干部在有组织的活动中涵养正气。

（三）以"勤政廉明"的精神特质作为党员干部的职业操守

习近平总书记强调，要廉洁奉公树立新风，"教育引导广大党员、干部增强纪律意识、规矩意识，持续纠治'四风'，把纠治形式主义、官僚主义摆在更加突出的位置，做到公正用权、依法用权、为民用权、廉洁用权"。庐陵群贤皆廉，他们以廉为镜，一身正气，在"封坛退鱼"的细微处传精神，在一粥一饭、一丝一缕的节俭中扬清风。他们以勤筑基，恪尽职守，无形式主义、官僚主义之影踪。他们公正用权，在礼部进士考试中揭开"千古第一榜",让苏轼、曾巩等北宋才子有了释放才华的机会。他们廉洁自律,在一枝一叶总关情中话初心。为此,党员干部要以"勤政廉明"的精神特质作为职业操守,遵守廉洁纪律,做到廉洁自律、廉洁修身,常从先贤事迹中寻找廉洁,常去先贤遗迹处铭记廉洁,常在"庐陵清风"中保持清醒。

（四）以"革故鼎新"的精神特质作为全面深化改革的鲜明品格

习近平总书记指出,"全面深化改革是我们党守初心、担使命的重要体现。"要"提高改革的思想自觉、政治自觉、行动自觉,迎难而上、攻坚克难,着力补短板、强弱项、激活力、抓落实,坚定不移破除利益固化的藩篱、破除妨碍发展的体制机制弊端"。破旧立新,方能接续未来。庐陵先贤具有鲜明的革故鼎新气质,他们革除弊政、推出"平米法",扫荡空洞文风、树务实新风,顺应社会发展、摒弃不合时宜,创造出适应当时社会发展所需的各种新技术。跨越时空,庐陵先贤这种革故鼎新的风骨仍是当今时代生活之所需,改革发展之所要。为此,全社会应秉承"革故鼎新"的庐陵风骨,在风云变幻的时代改革发展浪潮中,将革新思维与担当精神,作为推动个人成长、企业发展乃至社会进步的关键力量,不断精进业务,练就过硬本领,开拓创新,积极作为。

（五）以"守信向善"的精神特质作为营造良好社会风气的民间信条

诚信是立业之本。习近平总书记指出,"要坚持诚信守法经营,树立正确价值观和道德观"。庐陵先贤自古就尊崇"忠诚守信 +

吃苦耐劳 + 回报社会"的商贸精神，也因此成就了周扶九等著名庐陵商贾。为此，我们可以将庐陵商帮"诚信为基，义利兼顾"的商业理念融入企业发展理念，作为当今社会营造良好商业环境的信条。"天下之本在家。""家风正则民风淳。"习近平总书记多次强调要深入开展学习宣传道德模范

黄洋界：雪景

活动，弘扬真善美、传播正能量，激励人民群众崇德向善、明德惟馨。庐陵人重视家庭建设，讲求孝悌传家，可以将这种风气传承作为激发世人树立守孝道、易陋俗的道德信条。儒家思想是庐陵书院的正统教育思想，塑造了庐陵人仁心待人、温润如玉的醇厚特质，他们一以贯之的民间善行义举可以作为教育世人崇德向善、明德惟馨的人生信条。

（六）以"开放包容"的精神特质作为开展对外交往的美好姿态

习近平总书记指出，"中华文明的包容性，从根本上决定了中华民族交往交流交融的历史取向，决定了中国各宗教信仰多元并存的和谐格局，决定了中华文化对世界文明兼收并蓄的开放胸怀。"庐陵文化孕育于中华优秀传统文化的母体之中，自带开放包容之骨血。它以博大之胸怀迎接四方来客、八方来风，在流淌的岁月里日复一日、年复一年地吸收各种外来文化因子，不断地交流融合发展。时至今日，我们正在推动构建人类命运共同体的伟大实践，更要一如既往地秉持开放包容的风骨，在兼收并蓄中加强对外交流与融合，全面融入"一带一路"，聚八方英才、汇四海财源，让"开放包容"的庐陵大地更加焕发光彩。

习近平总书记指出，中华文明具有突出的连续性、创新性、统一性、包容性、和平性，中华文明的连续性，从根本上决定了中华民族必然走自己的路。中国式现代化就是我们自己的路，它是强国建设、民族复兴的康庄大道，是中国谋求人类进步、世界大同的必由之路。党的二十届三中全会审议通过的《中共中央关

于全面深化改革、推进中国式现代化的决定》强调，推进中国式现代化必须增强文化自信，要将文化自信作为实现中国式现代化的重要条件。庐陵文化作为中华优秀传统文化的有机组成部分，要积极汇入中国式现代化的主流，要在"第二个结合"中将庐陵文化的精神特质传承发展、弘扬光大。

　　传承是最好的告慰，它让先辈的精神得以延续，让民族的文化得以繁荣，让国家的发展得以持续。在中华民族的发展历程中，庐陵先贤为了国家的安危、民族的尊严，用生命的底色绘就了历史的画卷。他们的先进事迹激励着一代又一代的庐陵后人，传扬其精神，秉持其风骨，融入中国特色社会主义的伟大征程。中国式现代化并非一笔绘就，中华民族伟大复兴也不会一帆风顺。庐陵先贤的风骨操守作为一种宝贵的精神遗产，能够成为中华儿女在推进中华民族伟大复兴道路上攻坚克难的重要精神力量。因此，我们有责任将其代代传承，并结合时代需求，赋予其新的时代内涵，使其在新时代的发展中，焕发出新的光芒。

后 记

　　星河长明处，文脉永相承。每一种优秀文化都是时间长河中璀璨的明珠，而庐陵文化，无疑是其中较为耀眼的一颗。庐陵，这片古老而又充满活力的土地，积淀了深厚的文化底蕴，孕育了无数英才，庐陵先贤所展现的忠贞爱国、丹心节义、勤政廉明、革故鼎新、守信向善、开放包容等精神特质，正是当代社会所需的精神滋养。我们深知，文化的传承不仅仅是记忆的延续，更是精神的传递。编辑出版《风骨庐陵》，旨在深入挖掘庐陵文化的精髓，展现其独特的时代价值与现实意义，让更多人领略庐陵文化的独特魅力。这不仅仅是一次对过往的回顾，更是对庐陵文化传承与弘扬的深情呼唤。

　　吉安市委、市政府高度重视庐陵文化的传承与发展。市委、市政府主要领导多次指示，要深入推进庐陵文化研究阐释、庐陵先贤人文精神和时代价值的发掘。市委分管领导靠前指挥、多次调度。市委宣传部精心策划落实，吉安市庐陵文化研究会的部分会员参与撰写，吉安杰出学者方志远为本书作序，丁功谊撰写"概述"，胡刚毅撰写第一章"忠贞爱国"，李柳生撰写第二章"丹心节义"，杨巴金撰写第三章"勤政廉明"，曾绯龙撰写

第四章"革故鼎新",欧阳跃亲撰写第五章"守信向善",李梦星撰写第六章"开放包容",肖惠萍撰写第七章"风骨永续"。罗相文牵头组织实施,刘宗彬、王绍德负责全书统稿,曾小鹃、许旻涵负责协调和校对,尹新平、罗彪、刘黎霞、林道喜参与审校,张东明负责图片统筹,吉安市摄影家协会和各县(市、区)委宣传部提供大量精美图片。数易其稿,于2025年5月完稿。

在时光的流转与文化的沉淀中,这本承载着庐陵古韵与时代新风之书,静静地摆在了读者的面前。在这本书中,我们仿佛穿越时空,回到昔日庐陵,感受那份历史的厚重与文化的底蕴。在字里行间,我们不仅看到庐陵文化在岁月长河中的传承,更目睹它在新时代浪潮里的创新,见证它与现代文明碰撞和升华,绽放出耀眼的光彩。我们希望通过《风骨庐陵》,点燃更多人对庐陵文化的探索热情,激发大家对庐陵文化所蕴含的风骨与精神的思考,启迪更多人从中汲取养分,携手奔赴强国建设、民族复兴的新征程。

因时间仓促,水平有限,不妥之处,敬请批评指正!

编 者